经济学方法论系列丛书

·游士兵／主编·

# 非灾经济发展模式研究

吴　尚　游士兵／著

科学出版社

北　京

# 内 容 简 介

扶贫与彻底脱贫是"十三五"规划的刚性要求,如何实施扶贫是一个重要的理论和现实问题。本书受灾害地区重建模式的启发,提出一种新的扶贫模式——非灾经济发展模式,它是相对灾害经济学提出来的新概念,即把贫困作为一种"社会灾害",将贫困地区中的"短板"地区列为非灾经济发展区,并参照灾害地区重建模式对其进行非灾重建,使其经济、社会、生态等焕发生机,以期达到脱贫和精准扶贫的目的。本书通过非灾经济发展模式基础理论、非灾经济发展区选址理论和主要贫困省区非灾地区选址及实证分析等方面论述非灾经济学在扶贫中的精准性与有效性。本书是对现有扶贫理论的提炼和创新性探索,在学术上,为各位学者提供新的研究方法与视角;在实践上,为我国在经济新常态下的扶贫策略提供重要参考,在一定程度上弥补前人研究的不足。

本书可供从事贫困与不平等经济研究领域的管理、研究和实践人员,高等院校相关专业师生以及政府部门有关人员阅读与参考。

## 图书在版编目(CIP)数据

非灾经济发展模式研究 / 吴尚,游士兵著. —北京:科学出版社,2018.9
(经济学方法论系列丛书)
ISBN 978-7-03-057193-9

Ⅰ. ①非⋯　Ⅱ. ①吴⋯　②游⋯　Ⅲ. ①扶贫模式–研究–中国
Ⅳ. ①F124.7

中国版本图书馆 CIP 数据核字(2018)第 082112 号

责任编辑:徐　倩 / 责任校对:贾娜娜
责任印制:吴兆东 / 封面设计:无极书装

**科学出版社**出版

北京东黄城根北街 16 号
邮政编码:100717
http://www.sciencep.com

**北京虎彩文化传播有限公司**印刷

科学出版社发行　各地新华书店经销

\*

2018 年 9 月第　一　版　开本:720 × 1000　1/16
2018 年 9 月第一次印刷　印张:8 1/4
字数:151 000

**定价:62.00 元**

(如有印装质量问题,我社负责调换)

# 前　　言

　　贫困是最为尖锐的社会问题之一。当前我国脱贫攻坚形势依然严峻。截至 2015 年底，全国仍有 7000 多万农村贫困人口。

　　目前，我国政府实施过的扶贫策略主要有整村推进模式、产业化扶贫模式、劳动力转移培训模式、外资扶贫模式以及旅游扶贫开发模式等。多种扶贫模式各有优势，但每一种模式也存在局限性，不能彻底解决贫困问题。要显著地降低贫困水平，可能需要政府针对各个贫困地区的特点发挥每种模式的优势，综合应用。本书试图在总结以上各种扶贫模式特点的情况下，提出一种新的扶贫模式，这种模式就是非灾经济发展模式。

　　非灾经济是相对灾害经济提出来的新概念。灾害经济学主要研究灾害的社会属性，即灾前、灾时与灾后的社会经济关系，包括灾害损失的评估理论和方法、灾害的短期经济波动的影响和长期经济增长的影响、对人员伤亡损失的评估及赔偿问题、对自然灾害的风险管理，以及灾后重建理论等。非灾经济的理念是将人类"社会灾害"类同于自然灾害来解决社会经济问题。例如，将贫困作为一种特殊的"社会灾害"，对其所在地区，即非灾经济发展区，按照类同于自然灾害后的地区重建模式进行运作，以期改变当地因社会、环境、历史、经济、生态等综合因素导致的贫困现状，打造可持续发展的基础。这种类同是指将其所在地区推倒重来，进行全方位建设的思路；不同之处在于自然灾害的发生往往具有不可预测性，其结果是造成不遵循人类意志的破坏，例如，会破坏道路、厂房等基础设施，会对人员造成巨大的伤亡，会对生态环境造成巨大的损害等。而非灾经济发展模式是将贫困地区视为虚拟的受灾地区进行的科学规划和非灾重建，合理规避自然灾害带来的非人类意志的、无经济效益的损失。两者的灾前损失、灾后投入、重建后社会经济绩效都是不同的。

　　非灾经济发展模式的提出具有较强的现实政策背景需要。贫困仍是当今国际社会面临的最为关注的社会问题之一，精准扶贫又是我国"十三五"规划的刚性任务，"四个全面"布局中全面建成小康社会，核心就在"全面"二字，而解决 7000 多万农村贫困人口脱贫是"全面"的最好诠释。非灾经济发展模式正是精准扶贫的一种创新运作模式，也是在中央扶贫开发工作会议所确定的"五个一批"工程的指导思想之下，为实现脱贫攻坚目标而提出的一种思路明确、举措精准、力度超常规的举措设想。

非灾经济发展模式的提出有其科学的理论依据和鲜活的实践佐证。20世纪70年代以来，随着发展中国家的经济发展由加速经济增长型战略向满足基本需求型战略的转变，以实现公平、消除贫困、增加就业为目标的发展战略取代了以实现国内生产总值最大增长为导向的发展战略。在空间上，以乡村地区及贫困地区发展为内容、空间均衡发展为核心的区域发展理论取代了以城市化为中心、空间不平衡发展为内容的传统区域发展理论，从而在区域发展理论史上形成了独具特色"乡村学派"区域发展理论，这是非灾经济发展模式的基本理论依据。此外，关于城镇化的系列理论中，尽管各学科的研究之间存在差异，但共同点是城镇化是一个经济社会转换的过程，包括城乡之间人口流动和转移、地域空间和地域景观的转换、经济结构和产业结构的转变等。其中，经济学从更多维的角度出发，对城镇化进行了研究。例如，从生产力变革的角度、从劳动分工的角度、从人口结构变化和产业结构转移的角度等，这为非灾经济发展模式提供了理论指导。我国是一个自然灾害频发的国家，多年来积累了丰富的灾害重建的经验。"5·12"汶川地震后，在党中央的领导下，举全国之力，仅仅用三年左右的时间，取得了灾后重建的重大成就，让世界瞩目。汶川地震灾后重建工作对灾区经济增长，以及对原有部分贫困地区的脱贫致富具有极大的促进作用，所取得的显著成效对非灾经济发展模式具有极其重要的启迪和借鉴意义。

精准扶贫的核心是精准，目的是扶贫。因此，非灾经济发展模式的关键在于精准选取非灾经济发展区。对非灾经济发展区的选择，必须站在精准扶贫、全面脱贫的高度，既要结合贫困地区自身条件，又要着眼于如何使各地区实现经济效益协调显著提高。非灾经济发展区的选取可以以短板理论为尺度，以广义梯度推移理论为依据，在省域范围内，先确定一批贫困重灾区域作为待选县市；再从自然资源、经济发展、社会发展、文化发展、生态环境五个梯度考察各待选县市的发展状况，同时将革命老区作为重要考量因素，最终选出地理位置适宜，且梯度分布状况较差的"短板"地区作为非灾经济发展区。

当然，非灾经济发展模式取得应有的效果，科学的决策、有效的政策措施是基本保证。非灾经济发展区的重建工作主要应由政府主导，具体有两种重建方式：一种是对已经形成一定规模的村落，把村落的建筑等人为地、科学地、有选择性地推倒，然后在该区域上建立一座新的村落；另一种是对散落在交通不便地区的规模较小的村落，另外选择一个交通便利、区位条件优越的地区建立一座新的村落。无论采取哪种方式，都必须处理好授人以鱼和授人以渔的关系，引导非灾经济发展区真正走上可持续发展道路，从根本上摆脱贫困。关于非灾经济发展区建设所涉及的人力、物力、财力、智力等相关问题，可以借鉴汶川地震灾后恢复重建所采取的对口支援模式，在省域经济范围内，由各省区市统筹协调，根据省（自治区、直辖市）内各地经济发展水平和区域发展战略，制订具体的支援方案。从理论视角设立的非灾经济发展区需要结合实际情况科学布局，条件允许的区域可考虑在满足环境治理和生态恢复的前提下，优先进行产业结构优化和土地制度革新。

总之，非灾经济发展模式是在不可抗力的灾难发生之前，对于脱贫难度较大、致富成本较高的贫困地区，以非受迫性、彻底性的方式实现经济发展变革创新模式。一方面，该模式的推进不可能一蹴而就，需要一个合理的时间周期；另一方面，一种创新模式也会存在一定的风险，因此需要科学论证和决策。各省区市可以先选择部分贫困地区作为非灾经济发展区试点，探索一套完整可行的实施方案后再在省域范围内全面推行这种模式。只要牢牢遵循"四个全面"的战略布局，认真领会"五个一批"工程的指导思想，将各种精准扶贫的经济发展模式论证筹划、落实实施、补齐短板，一定能够完成"十三五"规划的各项任务，为全面建成小康社会和实现"两个一百年"伟大目标奠定基石。

本书首先对非灾经济发展模式的概念和理论基础进行阐述，然后从实证的角度出发研究非灾经济发展模式对现实经济的影响，最后对典型省份的精准扶贫提出政策上的建议。

游士兵

2018 年 5 月

# 目　　录

# 第一章　非灾经济发展模式的提出背景

党的十八大以来，以习近平总书记为核心的党中央领导集体在国家的治国理政方面，包括新的概念、新的思想、新的战略都有一系列论述。其中提及最多的应该是"四个全面""脱贫""精准扶贫"等字眼。"四个全面"是国家的战略布局，其中第一个"全面"就是全面建成小康社会，党的十八届五中全会聚焦全面建成小康社会来谋划"十三五"规划，以完成 2020 年全面建成小康社会的目标。而全面建成小康社会，一个重要的标志就是汇集十几亿人，一个人也不能落下，特别是在重点农村地区。因此提出扶贫攻坚，精准扶贫，让每个人都在全面建成小康社会的时候共享成果。

精准扶贫是我国"十三五"规划的刚性任务，"四个全面"布局中全面建成小康社会，核心就在"全面"二字，而解决 7000 多万农村贫困人口脱贫是"全面"二字的最好诠释。非灾经济发展模式正是精准扶贫的一种创新运作模式，也是在中央扶贫开发工作会议所确定的"五个一批"工程的指导思想下，为实现脱贫攻坚目标而提出的一种思路明确、举措精准、力度超常规的举措设想，其提出具有很强的现实意义。

## 第一节　"四个全面"与扶贫目标

2014 年底，习近平总书记在江苏省调研时首次提出了要协调推进"全面建成小康社会、全面深化改革、全面推进依法治国、全面从严治党"。这是其治国理政方略的顶层设计，是中国复兴伟业的战略路线图。

"四个全面"第一次将全面建成小康社会，定位为"实现中华民族伟大复兴中国梦的关键一步"；第一次将全面深化改革的总目标，确定为"完善和发展中国特色社会主义制度、推进国家治理体系和治理能力现代化"；第一次将全面依法治国，论述为全面深化改革的"姊妹篇"，形成"鸟之两翼、车之双轮"；第一次为全面从严治党标定路径，要求"增强从严治党的系统性、预见性、创造性、实效性"，锻造事业更加坚强的领导核心。

由习近平担任起草组组长的党的十八大报告首次提出"全面建成小康社会"的战略目标，并确定了时间表，即到 2020 年实现全面建成小康社会的宏伟目标。"我们的人民热爱生活，期盼有更好的教育、更稳定的工作、更满意的收入、更可靠的社会保障、更高水平的医疗卫生服务、更舒适的居住条件、更优美的环境，期盼着孩子们能成长得更好、工作得更好、生活得更好。人民对美好生活的向往，就是我们的奋斗目标。"习近平总书记数次用朴实的语言道出了人民心中的梦想，这是全面小康的群众表达。

全面建成小康社会，核心就在"全面"。这个"全面"体现在覆盖的人群是全面的，也体现在涉及的领域是全面的。2015 年 2 月 25 日，人民日报评论发文指出，"四个全面"系列文章以全面建成小康社会难度最大，在"四个全面"中其地位特殊，是"战略目标"，其他三个"全面"都是为了实现这个目标进行的"战略举措"，不仅如此，它还是"中国梦"大格局中的关键一步。

党的十八届三中全会提出"全面深化改革"的战略决议，是以习近平同志为总书记的党中央带领全国各族人民在新的历史起点上进行的具有新的历史特点的伟大斗争。这场伟大斗争肩负的一个重要历史使命，就是确保用今后几年时间到 2020 年如期全面建成小康社会，进而到 21 世纪中叶建成富强民主文明和谐美丽的社会主义现代化国家，实现中华民族伟大复兴的中国梦。

党的十八届三中全会提出的一揽子改革举措，在世界改革史上都是罕见的。中国执政党内部相继成立多个工作小组，并由高层领导人担任组长，便是保持国家的相对自主性，使公共决策既不受分利集团的影响，也不为非理性选民所左右。改革必然触及利益，势必会遭到特殊利益集团的阻碍。改革的动力来自人民的力量，来自实现中国复兴的力量。突破既得利益，让改革落地，需要有决心、有担当。无论党的十八大以来的铁腕反腐，还是政治、经济、社会等领域的利益再分配，都显出中国执政党实现人民对美好生活向往的坚定决心，以及最高领导人实现中华民族伟大复兴的个人担当。总之，全面深化改革将成为改革开放以来中国共产党领导人民进行的最广泛、最深刻的一场变革，而且必将带来新的重大突破，推动经济社会发展全面提升。

习近平总书记提出的"四个全面"是一份庄严的政治承诺，背后隐藏着深层的中国复兴逻辑。只有全面深化改革，破除利益藩篱，实现全面小康才有动力；只有全面依法治国，建立规则秩序、推进公平正义，实现全面小康才有保障；只有全面从严治党，锻造领导核心、提供政治支撑，实现全面小康才有保证。以全面深化改革破解民族复兴进程中的深层次矛盾问题，以全面依法治国确保现代化建设有序进行，以全面从严治党巩固党的执政基础和群众基础，才能绘就全面小康的宏图。

贫困地区落后现状难以一时改变，国家提出的"四个全面"中的第一个"全面"就是全面建成小康社会。非灾重建正是顺应全面建成小康社会提出的，针对偏僻困难的地区规划重建，使其走上新的发展道路，摘掉贫困帽子。

## 第二节　精　准　扶　贫

中共中央办公厅、国务院办公厅印发《关于创新机制扎实推进农村扶贫开发工作的意见》，国务院机构出台《关于印发〈建立精准扶贫工作机制实施方案〉的通知》《国务院扶贫办关于印发〈扶贫开发建档立卡工作方案〉的通知》，对精准扶贫工作模式的顶层设计、总体布局和工作机制等方面都做了详尽规制，推动了精准扶贫思想的全面开展。应当说，精准扶贫思想是中国共产党和政府今后一个时期对于贫困治理工作的指导性思想，将对中国扶贫起到决定性作用。2015年10月16日，习近平主席在2015减贫与发展高层论坛上强调，中国扶贫攻坚工作实施精准扶贫方略，增加扶贫投入，出台优惠政策措施，坚持中国制度优势，注重六个精准，坚持分类施策，因人因地施策，因贫困原因施策，因贫困类型施策，通过扶持生产和就业发展一批，通过易地搬迁安置一批，通过生态保护脱贫一批，通过教育扶贫脱贫一批，通过低保政策兜底一批，广泛动员全社会力量参与扶贫。

## 第三节　中央扶贫开发工作会议的决定

2015年中央召开了扶贫开发工作会议。会议确定了消除贫困、改善民生、逐步实现共同富裕的目标，确保到2020年所有贫困地区和贫困人口一道迈入全面小康社会。会议指出，脱贫攻坚已经到了啃硬骨头、攻坚拔寨的冲刺阶段，必须以更大的决心、更明确的思路、更精准的举措、超常规的力度，众志成城实现脱贫攻坚目标，绝不能落下一个贫困地区、一个贫困群众。

党的十八届五中全会从实现全面建成小康社会奋斗目标出发，明确到2020年我国现行标准下农村贫困人口实现脱贫，贫困县全部摘帽，解决区域性整体贫困。会议的主要任务是，贯彻落实党的十八届五中全会精神，分析全面建成小康社会进入决胜阶段脱贫攻坚面临的形势和任务，对当前和今后一个时期脱贫攻坚任务做出部署。

"十三五"规划期间脱贫攻坚的目标是，到2020年稳定实现农村贫困人口不愁吃、不愁穿，农村贫困人口义务教育、基本医疗、住房安全有保障；同时实现贫困地区农民人均可支配收入增长幅度高于全国平均水平、基本公共服务主要领域指标接近全国平均水平。坚持精准扶贫、精准脱贫，重在提高脱贫攻坚成效。要解决好"怎么扶"的问题，按照贫困地区和贫困人口的具体情况，实施"五个一批"工程。一是发展生产脱贫一批，引导和支持所有有劳动能力的人依靠自己的双手开创美好明天，立足当地资源，实现就地脱贫。二是易地扶贫搬迁脱贫一批，贫困人口很难实现就地脱贫的要实施易地搬迁，按规划、分年度、有计划组织实施，确保搬得出、稳得住、能致富。三是生态补偿脱贫一批，加大贫困地区生态保护修复力度，增加重点生态功能区转移支付，扩大政策实施范围，让有劳动能力的贫困人口就地转成护林员等生态保护人员。四是发展教育脱贫一批，治贫先治愚，扶贫先扶智，国家教育经费要继续向贫困地区倾斜、向基础教育倾斜、向职业教育倾斜，帮助贫困地区改善办学条件，对农村贫困家庭幼儿特别是留守儿童给予特殊关爱。五是社会保障兜底一批，对贫困人口中完全或部分丧失劳动能力的人，由社会保障来兜底，统筹协调农村扶贫标准和农村低保标准，加大其他形式的社会救助力度。要加强医疗保险和医疗救助，新型农村合作医疗和大病保险政策要对贫困人口倾斜。要高度重视革命老区脱贫攻坚工作。

扶贫开发投入力度，要同打赢脱贫攻坚战的要求相匹配。中央财政专项扶贫资金、中央基建投资用于扶贫的资金等，增长幅度要体现加大脱贫攻坚力度的要求。中央财政一般性转移支付、各类涉及民生的专项转移支付，进一步向贫困地区倾斜。省级财政、对口扶贫的东部地区要相应增加扶贫资金投入。要加大扶贫资金整合力度。要做好金融扶贫，加快农村金融改革创新步伐。要加强扶贫资金阳光化管理，集中整治和查处扶贫领域的职务犯罪，对挤占挪用、层层截留、虚报冒领、挥霍浪费扶贫资金的要从严惩处。

"扶持谁"和"怎么扶"正是非灾重建要考虑的问题。在脱贫攻坚进入攻坚拔寨的冲刺阶段，"输血"固然重要，靠外力大包大揽式的扶贫只会暂时改变短期现状，却不会惠及长久。从长远来看，要彻底改变贫困地区的面貌，最终要靠人民群众自身的辛勤劳动。非灾难重建正是精准确定扶贫对象，然后异地或者原地重建使贫困地区能在短时间内完善基础设施，在此基础上进行发展生产或者发展教育，带领群众摘掉贫困帽子，尽早致富。鼓励贫困地区群众努力挖掘发展的内生动力，变被动为主动，释放更多潜能与活力。

## 第四节　"十三五"规划中的扶贫政策

"十三五"规划中提出要实施精准扶贫、精准脱贫，因人因地施策，提高扶贫实效。分类扶持贫困家庭，对有劳动能力的支持发展特色产业和转移就业，对"一方水土养不起一方人"的实施扶贫搬迁，对生态特别重要和脆弱的实行生态保护扶贫，对丧失劳动能力的实施兜底性保障政策，对因病致贫的提供医疗救助保障。实行低保政策和扶贫政策衔接，对贫困人口应保尽保。

扩大贫困地区基础设施覆盖面，因地制宜地解决通路、通水、通电、通网络等问题。对在贫困地区开发水电、矿产资源占用集体土地的，试行给原住居民集体股权方式进行补偿，探索对贫困人口实行资产收益扶持制度。提高贫困地区基础教育质量和医疗服务水平，推进贫困地区基本公共服务均等化。建立健全农村留守儿童和妇女、老人关爱服务体系。

## 第五节　工业反哺农业

工业反哺农业，是对工业化发展到一定阶段后工农关系、城乡关系变化特征的一种概括。这里的工业泛指非农业部门和城市，而农业则涵盖"三农"。工业反哺农业是经济发展到一定阶段的现象，从国际上看，许多国家在工业化过程中都经历过由农业哺育工业转向工业反哺农业的过程。一般来讲，在工业化发展初期，农业在国民经济中居主导地位，为了创造更多的物质财富，提高整个国民经济发展水平和人民生活水平，需要用农业积累支持工业发展；当工业化发展到一定阶段、工业成为国民经济的主导产业时，要实现工农业协调发展，除了发挥市场机制的作用，国家还必须加强对农业的扶持和保护，实现由农业哺育工业到工业反哺农业的政策转变。许多国家的经验表明，当工业化、城市化进程加速，国民经济发展到工业对农业反哺期时，如果及时加强农业、反哺农业，整个国民经济就会协调健康发展，顺利实现工业化、现代化；反之，如果继续挖农业、忽视农业，就会出现农业萎缩、贫富悬殊、城乡和地区差距扩大，加剧社会矛盾，甚至出现社会动荡和倒退。从工业化发展阶段来看，我国人均国内生产总值（gross domestic product，GDP）已超过 1000 美元，农业与非农产业的产值结构大约为 15∶85，农业与非农产业的就业结构大约为 50∶50，城镇化水平为 40%。这四项指标表明，目前我国已进入工业化中期阶段，国民经济的主导产业由农业转变为非农产业，经济增长的动力主要来自非农产业。根据国际经验，此时采取相应措施，以工业反哺农业，是带有普遍性的现象。例如，日本在第二次世界大战前处于以农养工阶段，20 世纪 50 年代末 60 年代初开始转向工业反哺农业阶段。韩国在 20 世纪 60 年代中期以前还从农业部门抽取工业化资本，自 60 年代末开始转向保护农业。

非灾重建实际上就是工业反哺农业的具体化。工业较为发达的城市援助以农业生产为主的贫困地区，有利于缩小城乡差距，推进农业结构战略性调整，提高农业综合效益和竞争力。非灾重建对农村资源进行全部整合，多方统筹，能够充分地利用偏远贫困地区拥有的自然资源以及旅游资源，从而使偏远贫困地区改头换面，焕发出新的光彩。

# 第二章　贫困相关理论及非灾经济发展模式概述

## 第一节　贫困的相关经济学理论

　　贫困问题是我国进入经济新常态后经济社会可持续发展所面临的关键问题之一，这个问题关系到我国能否维持经济的可持续发展、能否有效地解决社会矛盾、能否保持良好的政府公共形象等一系列问题（张宗毅，2006）。"十三五"规划提出到 2020 年在我国现行标准下农村贫困人口要实现脱贫，且所有贫困地区和贫困人口进入全面小康社会的目标。但当前，随着农村扶贫工作的推进，各种扶贫模式逐步显露出一些问题。我国贫困人口基数仍然较大，贫困程度依然较深。虽然绝对贫困人口数量在减少，但扶贫效率却日益降低，政府各项扶贫投资的边际效益出现了较为明显的下降趋势，贫困地区持续发展已经成为新时期农村扶贫开发的关键性任务，创新扶贫模式显得尤为重要和迫切。

　　从研究视角来看，国内外学者对贫困的研究主要从社会学和经济学两个角度切入。其中，从社会学角度进行研究的文献更多。目前政府实施过的扶贫策略主要有整村推进模式、产业化扶贫模式、劳动力转移培训模式、外资扶贫模式以及旅游开发扶贫模式等。部分学者针对具体的地区，总结和提出了其他具有地域特色的扶贫方式。例如，徐孝勇等（2010）在研究我国西部地区农村扶贫模式时，提出了移民搬迁的扶贫模式，即将环境脆弱或者环境保护区内贫困人口，搬迁到环境良好的地区，进行异地开发扶贫。前人研究中提出的多种扶贫模式各有优势，但每一种模式都存在一定的局限性。例如，在扶贫开发工作中，在资金和项目安排上不能保证优先考虑最贫困的人口。学者普遍认可贫困是一个十分复杂的问题，是经济、社会和文化诸多方面呈落后现象的总称，构建地区可持续发展的基础才是走出"贫困—脱贫—返贫"怪圈的途径。只有经济开发与社会、资源、环境协调一致，才能真正实现贫困人口持续脱贫。落后的扶贫观念以及过于传统的扶贫方式缺乏对可持续发展能力最弱的"短板"地区经济发展的重视，最终短板效应束缚了省域范围乃至国家的整体经济发展。针对省域范围内的国家级贫困县市，必须综合考察构建其可持续发展的自然、社会、历史、经济、制度及贫困者自身等多维因素来对其中的"短板"地区进行识别，对这些主体进行瞄准是补齐短板的基础工作，符合客观需要的实践探索。到 2020 年要完成既定的脱贫计划，扶贫开发的力度需要进一步加大，扶贫的模式需要进一步创新。必须开辟综合开发和可持续发展的道路，补齐区域发展的"短板"，才能保障省域范围内的自然、经济、社会良性循环。

关于上述问题的研究还涉及精准扶贫的问题，学者对精准扶贫的研究范围较广，包括对精准扶贫的定义和理论基础研究、精准扶贫的难点和对策研究等。李鹍（2014）从学术性深度研究的角度出发，把精准扶贫定义为"遵循科学有效的标准和程序，因时、因地对贫困区域、贫困村和贫困户进行精准识别，按照当地的实际开展联动帮扶和分类管理，并引入动态的准入和退出机制开展精准考核的过程"。对于精准扶贫中"精准"一词，黄承伟等（2016）认为"精准"是指贫困人口的识别和贫困资源的瞄准；而董家丰（2014）则认为"精准"是对扶贫对象、扶贫措施和效果的描述与测量。这些研究都为本书提供了较好的研究参考和基础。

## 第二节 非灾经济发展模式概述

自然灾害的发生往往具有不可预测性，其结果具有严重性，自然灾害的发生不遵循人类的意志。自然灾害可以破坏道路、厂房等基础设施，可以对人员造成巨大的伤亡，也可以对生态环境造成巨大的损害。灾害经济是自然灾害发生后重建过程中涉及的相关经济问题，是从经济学的角度研究灾后重建问题。灾害经济主要包括灾害损失的评估理论和方法、灾害的短期经济波动的影响和长期经济增长的影响、对人员伤亡损失的评估及赔偿问题、对自然灾害的风险管理，以及灾后重建理论。

灾后经济学的一个重要问题是灾后的重建。联合国国际减灾战略把恢复定义为复原并适当改善受灾害影响社区的设施、生计和生存条件，包括采取多种降低灾害风险因素的措施。关于灾后重建的理论有最小补偿投资法。灾害对经济造成的影响主要在于灾害对资本的破坏，即资本存量的减少。最小补偿投资法的主要内容是在恢复重建过程中，最少需要新增的投资量才能弥补潜在的灾害预期损失，也就是弥补产出的减少量，从而消除灾害对经济带来的负面影响。除此之外，还可以通过传统的经济增长模型来分析灾后重建过程，如索洛增长模型。

灾害经济学的产生是缘于自然灾害以及灾害的巨大破坏力。然而人类社会部分现象的影响力类似于自然灾害，如贫困。贫困是当今国际社会面临的最为尖锐的社会问题之一，消除贫困是各国政府的目标。消除贫困的方式也是多样的，其中一种方式类似于灾后经济重建的过程，把贫困视为一种特殊的自然灾害，即假设贫困地区遭受了自然灾害，房屋、基础设施等都受到了严重破坏。因此，需要对贫困地区进行重建，使其经济发展水平高于之前水平，从而摆脱贫困的状况。对于没有自然灾害发生的情况，但对某一区域进行推倒重来式的重建的过程就是非灾经济重建。

　　非灾经济重建主要由政府主导,政府筹集资金重新建设贫困地区的居住环境、基础设施等。对于贫困地区,具体有两种重建方式。第一,对已经形成一定规模的村落,把村落的建筑等人为地、有选择性地推倒,然后在该区域上建立一座新的村落。第二,对散落在交通不便地区的规模较小的村落,可以另外选择一个交通便利、区位条件优越的地区建立一座新的村落。上述两种重建方式,政府在主导重建的同时,需要考虑该地经济长期发展的动力,也就是说政府不仅要改善贫困地区的居住环境,更重要的是要推动该地区的经济发展,如引进外资投资该地区、发展该地区的优势产业等。只有通过这种方式,该地区的经济才能长久发展,从而从根本上摆脱贫困。

　　非灾经济能否达到预期的效果还需要理论、模型以及实证的验证。评价非灾经济的理论模型可以借鉴灾害经济的相关理论模型。例如,可以运用投入产出模型对非灾经济重建过程的投入成本与产出收益进行分析,比较两者的大小来判断非灾经济重建是否达到预期的目标。

# 第三章　非灾经济发展模式的理论基础

非灾经济理论与灾害经济学具有不同的研究主体对象、不同的理论假设条件和不同的研究目标；非灾经济是相对于自然灾害的一种人类经济社会属性新定义，它体现了一种对灾害的辩证性思考；非灾经济发展模式研究是对灾后重建的重新应用，是灾害经济学的一种拓展。对于我国当前经济发展中的贫困问题，该理论本身具有较好的应用价值，非灾经济发展模式的构建也具有系列理论支撑。

## 第一节　产业集群理论

产业集群理论首先由 Porter 提出，Porter 对 10 个工业化国家进行了分析，发现产业集群是工业化过程中的普遍现象。一般研究中，学者会结合自身的研究需要对产业集群进行相应的定义。目前产业集群的概念呈现出差异性和多样性。例如，Porter（1998）对产业集群的定义是相关企业和机构在某一特定区域的地理集中现象。集群由一系列相关联的企业和其他对竞争有重要影响的实体组成。Roelandt 和 Hertog（1999）认为集群的特征是在一个价值增值生产链中相互联系的、具有强烈相互依赖性的企业（包括专业化供给者）组成的生产者网络。

一般而言，产业集群是指集中于一定区域内特定产业的众多具有分工合作关系的不同规模等级的企业与其发展有关的各种机构、组织等行为主体，通过纵横交错的网络关系精密联系在一起的空间积聚体。集群的概念涉及两个方面：一个是聚集的企业在生产、销售等环节上相互关联，另一个是企业在地理空间上聚集在一起，在空间上形成相互依赖。

早在 1890 年，Alfred Marshall 就在其 *Principles of economics*（《经济学原理》）中提到了两个重要概念：内在规模经济和外在规模经济。内在规模经济是指随着企业自身规模的不断扩大，企业内部的分工更加合理化，能够利用更加先进的技术和设备，使得企业的生产成本不断下降。而外在规模经济则侧重企业所在地区的外在环境的优化和改善对企业生产成本的影响。外在环境的优化和改善一个重要的原因是企业大规模聚集，使得企业在以下五个方面的成本下降：第一，企业集群改善了聚集地区的交通条件，使得企业的运输成本下降。

第二，大量企业聚集可以降低劳动力的搜寻成本和辅助生产成本，信息的溢出可以使聚集企业的生产效率高于单个分散的企业，特别是通过人与人之间的关系促进了知识在该地区的溢出。第三，技术设备发展的专业化，专业化市场的发展可以提高批量购买规模和销售规模，使企业享有购买原材料的便利和顺利实现产品交易，从而降低企业成本，提高企业效率。第四，发挥人力资本潜力的相关经济组织结构和文化传统等社会环境因素的改变，这种社会环境因素改变的主要作用在于激发企业的创新，例如，美国的硅谷形成了一个良好的有利于创新、有利于人才成长的文化生态环境，激发了硅谷企业的不断创新。第五，分工效应，产业分工最早在亚当·斯密的《国富论》中提到，亚当·斯密认为劳动效率的提高在很大程度上得益于分工。集群企业的联合需求可形成规模性、专业化的生产和服务，又为每个企业提供了丰富的外部规模经济。集群企业可以通过分工的外部化而负责部分任务，节省生产成本，从而使生产更加专业化。

从目前研究来看，许多学者都会从不同的行业角度探讨产业集群对该行业带来的影响，如创意产业、文化产业、互联网产业、金融产业等。非灾经济重建更多的是针对落后地区、农村地区和边远地区的基础设施等的重建。如果从产业集群的角度分析非灾经济重建，农业的产业集群是一个比较合适的分析思路。李春海等（2011）认为，作为新阶段农村经济发展的一种新型组织形式，农业产业集群有助于把中国农村"小而散，小而全"的生产经营方式转向专业化产业区，形成区域农业品牌优势，为全球价值链下中国农业产业升级提供一种借鉴思路和拓展模式。非灾经济重建就是把农村分散的资源聚集在一起，集中经营，统一管理，这正好符合农业产业集群的要求。

从非灾经济发展模式概述中可以看出，非灾经济发展模式的具体实施过程类似于产业集群理论下的产业集群过程。推倒重建村落的过程中往往也伴随着产业的集聚，尤其是与农业密切相关的产业，农业的集约化、规模化、产业化、现代化程度会提升，促进贫困地区农业的快速发展，进一步促进该地区经济的长期发展。

## 第二节　现代乡村发展理论

20世纪70年代以来，随着发展中国家的经济发展由加速经济增长型战略向满足基本需求型战略的转变，以实现公平、消除贫困、增加就业为目标的发展战略取代了以实现GDP最大增长为导向的发展战略，反映在空间背景上，以乡村地区发展为内容、空间均衡发展为核心的区域发展理论更是取代了以城市化为中心、空间不平衡发展为内容的传统区域发展理论，从而在区域发展理论史上形成了独具特色"乡村学派"区域发展理论。比较有代表性的观点有选择性空间封闭（selective spatial closure）理论、地域式发展理论（territory development theory）等。

### 1. 选择性空间封闭理论

从依附论的观点来看，任何一种试图促进乡村与整个国民经济紧密联系的战略，都会加剧城乡之间不均衡发展的趋势，并阻碍城乡协调发展的"有机"功能经济区的形成。鉴于此，Stöhr 和 Tödtling（1978）在一篇题为 *Equidad espacial: Algunas tesis contrarias a la do ctrina actual del desarrollo regional*（《空间平等：对当代区域发展学说的异议》）的论文中提出了选择性空间封闭理论。这一理论不赞成把各地方或各区域更紧密地结合起来构成一体化经济，同时不主张各地方或各区域搞闭关自守。而是主张把权力分散给各地方或各区域"社区"，使得它们不仅能按照自己的需要来规划其人力和物力的发展，而且能够控制对其发展有消极影响的外界联系。

### 2. 地域式发展理论

Stöhr 和 Tödtling 在论述其选择性空间封闭理论时，对"功能变革"与"地方自主性"两种模式进行了初步划分。而美国学者 Friedmann 和 Weaver（1979）则对"功能式"（function）与"地域式"（territory）区域发展模式进行了进一步详细论证。他们在其 *Territory and function: The evolution of regional planning*（《地域与功能：区域规划的演变》）中指出，区域发展规划有两种基本方法：功能式方法与地域式方法。功能式方法是同具有结点与网络的城市系统的经济活动分布和空间组织形式相联系的。这种方法强调效率，它把发展等同于经济增长，强调城市中心在区域发展中的作用以及资本密集型产业的发展，强调最大限度地利用内部与外部规模经济、大型项目的上马以及最新科技成果的应用。它假设增长是由外部需求和创新所推动的，并且发展能以自发的或诱导的方式从城市中心或有活力的部门自动涓滴到这个系统的其他部分中去。地域式方法则与功能式方法相反，这个方法是与特定区域中人力资源与自然资源的总动员相联系的。它让本地区人民参与区域规划过程，并使其成为一种必要的政治程序，它为个人、社会集团和以地域方式组织起来的中小团体提供更多的发展机会，并且为社会经济和政治上的共同利益而发挥其所有能力与资源。在这种方法中，经济效益的评价标准并没有被完全抛弃，但是以实现经济落后地区所有生产要素整体效率的提高作为评价标准，而不是以追求国际范围内部分生产要素的收益最大化作为评价准绳。因此，在这种方法中，区域将会有更多的自决权，可以自主地决定其发展道路。

　　现代乡村发展理论总体强调加强村庄与外界的联系，优化城市与乡村之间的空间战略关系，最终能够促进经济的增长。从经济学角度来看，这种联系主要是村庄与外界的经济联系。应用非灾经济发展模式的一个重要特点就是要建立一座新的村落，在建立新村落之前必定考虑了村落与城市、村落与村落之间的空间关系。新的空间关系能够更加适合一个地区的经济发展需要，如农业的分工与专业化。

# 第三节　城　镇　化

　　不同学科给出的城镇化具体定义不同，人口学从人口的迁移角度出发，把城镇化定义为人口由农村向城市或城镇移动的过程；地理学从城市空间的布局变动角度来定义城镇化；人类学认为城镇化意味着人类生活方式的变化；经济学则从更丰富的角度研究城镇化，如从生产力变革的角度、从劳动分工的角度、从人口结构变化和产业结构转移的角度。尽管各学科的研究之间存在差异，但也包含共同点，那就是城镇化是一个经济社会转换的过程，包括城乡之间人口流动和转移、地域空间和地域景观的转换、经济结构和产业结构的转变等。一般认为城镇化是一个农业人口转化为非农业人口、农业地域转化为非农业地域、农业活动转化为非农业活动的过程。

### 1. 区位理论

　　（1）中心区位论。中心区位论建立在杜能的农业区位论和韦伯的工业区位论的基础上。最早系统研究空间区位理论的是 19 世纪 20 年代古典区位论创始人杜能。城镇化依赖于城镇的发展，城镇作为产业和资源的聚集地，其发展与空间的区位联系紧密，城镇发展的空间区位布局是由生产力水平决定的，不同时期城镇的区位空间布局是呈现不同特色的。中心区位论论述一个地区或一个国家合理地设置中心城镇数量、等级、规模和布局距离。其主要观点是一个城镇的发展要有周围地区一定数量的土地和人口作支撑，城镇和城镇以及城镇与其周围农村地区都是相互依赖、互相服务的。各个城镇都是一定区域经济、社会发展的中心地。基层城镇是周围农村地区的中心地。

　　（2）市场区位论。市场区位论最早是由廖什提出来的。其主要观点是商品价格随着从产地到消费地运输距离的增加而提高。一般来说，越接近产地的商品，运输成本越低，越便宜，消费量越大。随着商品运输距离增加，商品价格将提高，销售量随之减小。到一定距离，该产地的销售量等于零，这样就形成了以销售半径为底座的需求圆锥体，在市场竞争的条件下，同类生产厂家的各个市场的有机结合，就形成了连续的正六边形蜂窝状市场区网图形。

2. 城乡结构转换理论

（1）二元结构理论。Lewis 在 20 世纪 50 年代提出了二元结构理论，他把发展中国家的经济结构概括为现代部门和传统部门，建立了二部门经济发展模型，奠定了无限剩余劳动力供给的二元经济结构理论的基础。Lewis 认为，在传统农业部门中存在大量的劳动边际生产率为零的富余劳动力，这部分劳动力不但不能增加农业产量，反而降低了农业部门的劳动生产率和收入水平，所以劳动力供给具有完全的弹性；工业部门由于技术进步和资本的不断扩大，有能力吸收农业部门的富余劳动力。工业部门吸收农业劳动力的这个过程要一直持续到剩余劳动力消失。

（2）城乡人口迁移理论。城乡人口迁移是城乡经济社会结构转换的重要内容。比较系统地对城乡之间、地区之间劳动力流动的动力、原因、机制和条件等问题进行详细分析的，主要有"推-拉"理论、"成本-效益"模型和托达罗的劳动力迁移模型。"推-拉"理论主要分析群体迁移的原因及迁移的方向。"成本-效益"模型认为人口迁移主要取决于迁移的效益与迁移的成本之间的差，这里所说的迁移效益指迁移者在迁移以后而增加的收入，迁移成本指迁移者为实现迁移而支付的直接费用和间接费用，迁移成本既包括现金成本，也包括迁移者在迁移过程中和寻找新的工作岗位时损失的收入，即机会成本和心理成本。托达罗的劳动力迁移模型不承认农业部门中存在富余劳动，而认为农业劳动边际生产率始终为正数，并把城市失业率因素考虑进去，提出人口从农村向城镇迁移，不仅取决于城镇与农村实际收入的差异，同时取决于城市就业率和由此而得出的城乡预期收入差异。

3. 非均衡增长理论

（1）增长极理论。增长极理论由法国经济学家佩鲁提出，他认为一个国家的经济增长并非在各个地方同时出现，而是首先出现于不同强度的增长点或增长极上，并通过不同的渠道向外扩散，对整个经济产生不同的关联效应。增长极是由主导部门和有创新能力的企业在某些区域的聚集发展而形成的经济活动中心，具有吸引或辐射功能，在促进自身发展的同时，能够推动其他部门和地区的经济增长，一个区域的人口、资本、生产、技术、贸易等高度聚集发展，必将产生城镇化趋向，区域经济的发展都是由增长极启动的，而启动区域增长极经济发展的又主要是产业的发展。

（2）循环累积理论。在研究区域经济不平衡发展过程中，Myrdal 提出了循环累积理论。1957 年，Myrdal 出版了 *Economic theory and under-developed regions*（《经济理论和不发达地区》）一书，提出了"地理上的二元经济"结构理论，又称循环累积理论。他认为，地理上的二元经济产生的原因在于各地区经济发展的差异性，这种差距是因为存在扩散效应和回流效应。回流效应是指发达地区凭借要素的高收益率，从不发达地区吸收劳动力、资金、资源等生产要素，而使自己不断发展壮大，引起不发达地区的衰落。扩散效应是指发达区域为了保持自身的发展，不断增加向不发达地区采购原材料、燃料和产品，输出资本、技术和设备，它有助于不发达地区的经济发展和区域差异的缩小。在经济发展过程中，回流效应往往大于扩散效应。这种地区之间要素收益率差距导致的"累积性因果循环"，在纯市场机制的作用下，使发展快的地区发展更快，发展慢的地区发展更慢，从而逐渐增大地区间的发展差距，形成地区性的二元结构。

（3）非平衡发展理论。1958 年，Hirschman 出版了 *The strategy of economic development*（《经济发展战略》）一书，着重论述了平衡发展战略的不可行性，并提出了非平衡发展理论。Hirschman 的非平衡发展理论支持了增长极理论，他认为经济发展不会同时出现在每个地方。落后国家或地区缺乏发展资金，因此，不宜把有限的资源平均分配给每一个部门或地区使用，而应该把这些有限的资源集中起来投在主导部门和重点地区，通过这些主导部门和重点地区的优先发展带动有关部门与其他地区的发展，这是一条切实可行的道路。同时他认为，当经济发展进入高级阶段时，从工业化和快速发展经济的角度看，国民经济部门的发展在政府的一定协调机制下，能保持一定的均衡。Hirschman 指出："导致偏离平衡的结果恰恰是发展的理想格局。因为这种结果的每一连续发展都是由过去的不平衡引起的，并且转而引起新的不平衡，要求进一步地发展。"由此可见，Hirschman 强调不平衡发展，目的还是要实现更高层次和更高水平的平衡发展，在推行不平衡发展策略的过程中，政府要及时采取有效的调节措施进行协调。

如前所述，非灾经济重建是把散落居住在各个地区的贫困户聚集在一起，从而形成具有一定规模的城镇，直接增加了城镇人口，提高了城镇化的水平。根据现有的研究，城镇化与经济增长之间虽然没有因果关系，但是两者密切相关。据测算，城镇化率每提高 1 个百分点，可带动地区生产总值增长 1.5 个百分点；每建设 1 平方千米市政设施，可带动 1.5 亿元投资；每增加 1 个城镇人口，可带动 10 万元以上城镇固定资产投资，带动 3 倍于农民的消费支出。在需求端，城镇化的过程往往伴随较高的投资率，如基础设施、住房、公共服务等。城镇化带来的城市中等收入以下群体人数的扩张，将明显拉动衣食、教育文化娱乐等领域的消费。概括地说，城镇化对消费率的提升更多的是通过城乡消费习惯一体化、低端消费的升级。从投资角度看，城镇人均所拥有的资本和技术都比农村高，城镇生产效率也要比农村高。城镇化率的提升可以提高社会整体的生产率，拉动经济增长。

## 第四节　短　板　理　论

短板理论又称木桶原理、水桶效应、短板效应，该理论由美国管理学家彼得提出。具体来说，盛水的木桶是由许多块木板箍成的，盛水量也是由这些木板共同决定的。若其中一块木板很短，则盛水量就被短板所限制。这块短板就成了木桶盛水量的限制因素。因此，若要使木桶盛水量增加，只有换掉短板或将短板加长才行。有人这样说：比最低的木板高出的部分是没有意义的，高出越多，浪费越大；要想提高木桶的容量，就应该设法加高最短的那块木板，这是最有效也是唯一的途径。短板理论也就是人们经常所说的主要矛盾，只有明白事物的薄弱环节，抓住问题的主要矛盾，才能抓住解决问题的关键，以获得最大限度的成功。日常生活中也是这个道理，克服"短板"的过程其实就是找到事物发展过程中的关键薄弱环节，并加以克服，使事物更好地发展。

偏远贫困地区经济落后，人民生活水平低，与外界的飞速发展隔绝，就类似于短板理论中那个较低的短板，一定程度上拉低了整体的发展速度与质量。因此，解决贫困地区的发展问题急不可待，这关乎整体的利益。此时，经济发达地区作为区域整体的一分子就应该伸出互助之手，共同加快经济发展。

## 第五节　后　发　优　势

后发优势（late-mover advantage；second-mover advantage），又称为次动优势、后动优势、先动劣势，是指相对于行业的先进入企业，后进入者由于较晚进入行业而获得的较先进入企业不具有的竞争优势，通过观察先动者的行动及效果来减少自身面临的不确定性而采取相应行动，获得更多的市场份额，如研发成本优势、行业风险把握优势等。

1991 年，Montgomery 和 Lieberman 指出后发优势主要存在于以下三个方面。

（1）后动者的"免费搭乘效应"：后动者可能会在产品和工艺研究与开发、顾客教育、员工培训、政府审批、基础投资等很多方面比先动者节省大量的投资，却可以从中获益。

（2）先动者锁定了错误的技术或营销战略：市场初期，技术和顾客需求的不确定性与非连续性往往导致先动者的错误决策，而后动者可以从先动者的错误中吸取这些教训，不再犯先动者曾经犯过的错误。

（3）在位者惯性：由于沉没成本的存在，组织僵化，企业不愿引进新产品或改进产品，不愿改革，而后动者作为一个追赶者，时刻都想抓住机遇从而取代先动者的地位，因而对企业的组织结构、技术、产品等都进行大量的革新，从而在与先动者的竞争中占有优势。

贫困地区由于本身经济落后，已经处于落后地位，非灾重建要求发达地区一对一援助落后贫困地区，能够充分地发挥落后贫困地区的后发优势，促使它们在发达地区的带领下加快经济发展。非灾重建工作的进行过程中也能利用现有的基础设施建设等科学合理的规划，保证非灾重建之后贫困落后地区能够焕然一新，登上新的发展台阶。

# 第四章　非灾经济发展区选址理论依据

在非灾经济发展模式的概念与提出的背景下，为检验非灾经济发展模式的扶贫效果，必须针对经济发展非常落后的贫困地区（称为非灾经济发展区）进行实证研究。根据国家统计局统计监测的数据，2014年中国仍有7017万低于现行标准的贫困人口。从具体情况来看，各省区市的贫困状况存在差异。下面给出选址的理论依据。

## 第一节　区域经济中的短板理论

短板理论在区域经济发展中也适用。把一个地区看作一个水桶，该地区的资源、经济、社会、文化、生态环境等就相当于组成水桶的若干块木板，木桶的盛水量代表的就是这个地区的发展状况。从这个意义上说，代表一个地区发展状况的不是它的优势，而是它的劣势。因此，一个地区要想发展起来，不能只追求单个因素的发展，如地区生产总值。要促进一个地区的发展，首先要找出影响该地区发展的限制因素，即"短板"，这个"短板"有可能是经济，也有可能是文化、生态环境、社会发展和自然资源等。只有把"短板"拉长，即改善劣势，才能从整体上促进区域经济发展。这就说明了，只有资源、环境、经济、社会等协调发展的地区才可能称为完整意义上的发展状况良好的地区。而一个地区的"短板"越多，也就意味着该地区的发展状况越差。

## 第二节　广义梯度推移理论

### 1. 广义梯度推移理论概述

梯度推移理论是1982年提出的，此时的梯度推移理论称为狭义梯度推移理论。狭义梯度推移理论中的梯度一直强调的是地区间和地区内部经济、技术的梯度。经过近20年的发展，狭义梯度推移理论对突破经济发展长期受均衡发展观的制约起到了建设性的作用。然而，狭义梯度推移理论不能充分适应我国区域经济发展尤其是西部大开发、中部崛起等实践的需要，因为它忽视了地区间和地区内部社会、自然资源、生态环境、制度、文化等不同而形成的梯度。基于此，2002年，李国平等开创了广义梯度推移理论，广义梯度推移理论中的梯度不再一味强调地区间和地区内部的经济、技术梯度，它所说的梯度可进行更广泛意义上的理解，称为广义梯度。广义梯度涵盖了自然、经济、社会、人力、生态和制度。广义梯度推移理论认为一个地区是由自然、经济、社会、人力、生态和制度为梯度子系统而构成的内部结构关系复杂的巨型系统。从这个意义上讲，梯度推移理论的论域已经拓展到自然、经济、社会、人力、生态和制度的各个层面。

2. 广义梯度推移理论的内涵

广义梯度推移理论的内涵可用公式表述为

$$\text{grad}\varPhi = d\varPhi/dS$$

其中，$\text{grad}\varPhi$ 表示区域梯度水平；$d\varPhi$ 表示梯度的硬性或软性指标，主要指区域间在自然资源、制度、生产总值、科学技术水平、产业结构状况、人口密度等方面的梯度分布；$dS$ 表示经济距离，指制度、交通、通信基础等设施改善而使人们产生的心理距离，随着交通通信业的发展、技术进步和市场机制的完善，经济距离会缩短，促进交易成本的下降。

广义梯度推移理论强调区域间梯度分布的多样性，认为梯度分布包含三方面的内容：一是自然界中的物质能量等客观事物的梯度分布，作为自然界主体的人类正是在自然界诸多要素的梯度分布的基础上从事必要利用和改造自然的活动，因而物质和能量的梯度分布是人类一切活动的基础与前提；二是经济、文化、社会发展水平的梯度分布，自从有了人类社会，也就有了不同于直观的自然资源梯度分布的另一种梯度分布，即人类文明和社会经济水平的梯度分布，这是人类在自然资源梯度分布的基础与条件下自主活动的人文结果；三是生态环境优劣程度的梯度分布，这是自然和人类活动的自然结果，良好的生态环境是经济可持续发展的重要因素。在同一地区，三种梯度分布可能存在很大差异。一个自然资源丰富的地区不一定是经济发达的地区，一个经济发达的地区不一定是生态环境良好的地区，只有资源、经济、文化、社会、环境协调发展的地区才可能称为完整意义上的高梯度地区。

# 第三节　聚集经济理论

1. 聚集经济理论的概念

聚集经济是指经济活动在特定地域空间集中所产生的经济效果以及吸引经济活动向一定区域靠近的向心力。聚集经济导致城市的产生和不断扩大，是城市形成和发展的根本原因与动力。聚集经济的表象是经济活动在地理空间分布上的集中，主要表现为相同（类似）产业或互补产业在一个特定、邻近地理区位上的集中，这种集中会形成产业群或相互依赖的区域经济网络。

聚集经济是一种古老现象，只是早期表现不太明显。1750 年，首次出现了引起人们广泛关注的聚集经济现象。而随着科学技术的不断发展，20 世纪 70 年代，一大批聚集的"新产业区"在西方发达国家相继涌现，极大地促进了这些国家的区域经济发展，成为地区经济竞争力的典型代表。我国改革开放时期推行的经济特区、经济开放城市和经济开发区也是一种聚集经济现象，而聚集经济也极大地促进了我国的区域经济发展，为我国的改革开放作出了巨大贡献。改革开放以后，我国不断形成以产业群为代表的聚集经济，现如今，以产业群为代表的聚集经济已经是推动我国区域经济发展的重要力量。

2. 聚集经济的成因

聚集经济是企业向某一特定地区集中而产生的利益。企业集中有两种类型。

第一种类型是同一产业或性质相近的许多企业的集中。根据微观经济学中的规模经济和外在经济理论，同类企业在一个地区集中，意味着该地区内同类企业数目的增大，这必然会带来生产规模的扩大，从而带来大规模的外部经济。另外，企业数目的增大会增加生产总量，加强分工协作，带动辅助产业的发展，从而提高企业的劳动生产率，降低生产费用和成本。

第二种类型是不同产业或不同性质的企业的集中。相比各个企业孤立分散地设立在各个地区，这些企业集中在一起会带来更大的经济效益。这是因为，企业聚集在一起会：①扩大市场规模。企业和人口的集中，融合成更大的市场，产生较大规模的市场经济，从而使该地区的商业、金融、科技、信息机构等条件得到改善，便于企业进行生产经营活动，获得更大的经济收益。②降低运输费用，降低产品成本。企业集中在一起，形成发达的市场，企业所需的原材料、生产设备等可以就近购买，这样不仅可以缩短运输距离，降低运输费用，而且可以形成固定的供销关系，方便生产协作，从而减少产品成本。③有利于基础设施、公共服务设施的建立和充分利用。企业进行生产和经营，需要与之相适应的交通运输、邮政通信、水电供应等各项设施。企业集中在一起，就可以集中建设、使用和管理这些设施，产生的费用比各个企业孤立地分散在各个地区时，单独进行建设、使用和管理这些设施的费用要少得多，从而节约了成本。另外，企业聚集在一起，也会促进公共服务设施的建设，而这些公共服务设施可以同时为企业和居民所共享，使它们得到充分的利用，产生更大的社会经济效益和环境效益。④集中熟练劳动力、技术人才和经营管理干部。这些人才的集中有利于人才的流动，企业能够得到它们所需的各类人员，同时各类人员容易获得合适的工作岗位，发挥专长，从而创造出更多的社会财富。⑤促进企业之间的相互交流和良性竞争。企业的集中便于企业之间实现更多的直接接触，从而实现相互交流，互相学习，广泛协作，推广技术。另外，可以促进企业之间开展良性竞争，从而刺激企业改进生产、提高质量，创造出巨大的经济效益。

概括起来说，聚集经济效益主要是由外在因素所带来的经济效益，也就是微观经济学中所说的外部经济效益，即一个企业的生产经营活动会对其他企业产生影响，使其经济效益提高。在一般情况下，当企业在地理上彼此接近时，会给企业和居民带来外在利益，即聚集经济效益。城市具有明显的聚集经济效益，正是它促使企业向城市聚集，使城市规模日益扩大，变成拥有成千上万个企业的地区。聚集经济的存在使得城市的劳动生产率、人均工业产值、国民收入等显著提高。

当然，存在聚集经济，也存在聚集不经济。企业的聚集要把握一个合理的度，而不是集中的规模越大越好。企业和居民的过度集中会使得城市规模过大，从而产生和扩大外在的不经济，如增加生产和流通费用、造成环境污染、破坏合理的经济结构和比例等，最终导致聚集经济效益的下降，以致出现聚集不经济。

# 第五章　灾后重建对灾区经济情况的实证分析

　　"5·12"汶川地震对灾区经济社会产生了极大破坏，而灾后恢复重建政策也取得了明显的效果。"5·12"汶川地震后，国家各部门及地方政府等分别出台包括《汶川地震灾后恢复重建条例》等一系列灾后恢复重建政策，以促进汶川地震灾区的经济社会发展。灾后恢复重建的效果评估作为灾害管理的重要组成部分，一直是学术界研究的重点。

　　经过国内外众多学者几十年的研究和积累，关于自然灾害对经济的影响总体来说存在三种观点：一是自然灾害会对经济增长有抑制作用，该观点认为灾害是破坏、不是生产，灾害对于人类社会最直接、最明显的影响就是对人类生命健康、社会物质财富的毁损，是一种负面经济现象；二是自然灾害对经济增长产生促进作用，该观点认为尽管灾害破坏原有的建筑、生产设备、基础设施等，但是重新投入必要的生产性资本用于灾后重建，补充必要的生产生活资料，灾后消费和投资的双重需求将有力地刺激受灾地区经济复苏与快速增长；三是自然灾害对经济增长的影响具有不确定性，需要依据具体的状况进行具体分析。我国学者对汶川地震灾后恢复重建政策的效果进行了广泛的研究，从经济增长效应来看，灾后恢复重建政策最直接、最明显的效果主要表现在资金、财税上，既有直接的财政专款和救灾物资，也有间接的社会捐助、银行贷款和税收减免；从产业发展效应来看，灾后恢复重建政策的效果也比较明显，但是因为产业发展是一种过程，作用效果需要较长的时间才能充分显现。

## 第一节　模型与方法

　　本章收集 2003～2013 年四川省 38 个极重灾区及较重灾区的县市的地区生产总值、全社会固定资产投资额（简称固定资产投资额）、人口的面板数据，加入表示灾前灾后（以 2008 年为界）的虚拟变量，建立面板数据回归模型，对四川省灾后重建政策的实施效果进行检验。结果表明，五年来在社会各方支援和共同努力下，灾后重建对灾区经济增长的促进取得显著的成效。汶川地震的抗震救灾政策效果明显，具有极其重要的借鉴意义。若借鉴四川省灾后重建政策的经验，对非地震灾区进行虚拟的灾后重建政策"推倒重来"式的建设，也将极大地促进当地经济社会的发展。

### 1. 模型方法选择

研究变化对经济增长的影响及程度，在经济中通常利用计量模型来对现象进行定量分析，本章针对虚拟灾后重建（灾前灾后）对当地经济增长的影响进行定量分析。研究经济增长的计量模型包括凯恩斯总供需均衡模型、哈罗德-多马模型、索洛增长模型、拉姆齐模型以及统称新经济增长的内生经济增长模型等。

凯恩斯总供需均衡模型是指将总需求与总供给放在一个坐标图上，用以解释国民收入和价格水平的决定，考察价格变化的原因以及社会经济如何实现总需求与总供给的均衡。凯恩斯总供需均衡模型是分析国民收入决定的一个工具，这个模型是在凯恩斯的收入-支出模型和希克斯-汉森模型的基础上，进一步将总需求和总供给结合起来解释国民收入的决定及相关经济现象，是对前两个模型仅强调总需求方面的片面性进行的补充和修正。

20世纪40年代末期，哈罗德和多马分别根据凯恩斯的思想提出了经济增长模型，对发展中国家产生了很大影响，标志着现代经济增长理论的产生。1939年，哈罗德发表了关于动态理论的一篇论文。在这篇论文中，他指出，除了李嘉图和斯密的理论是"动态的"，此后直至马歇尔、凯恩斯，动态理论"消失了"。他的这篇论文的任务就是要用"动态"的方法，依据凯恩斯的乘数原理和汉森的加速原理，提出一种动态的经济增长理论。哈罗德注意到，在凯恩斯的收入分析中，只考虑了投资变动引起的收入变动，没有考虑收入变动对下一轮投资的影响，并且只以投资刺激需求增加从而实现总需求与总供给的本期均衡为目标，没有看到总供给的变化以及新的均衡，因而是一种静态的、短期的均衡分析。哈罗德认为，投资增加引起的国民收入成倍增加可以使本期实现就业均衡，但投资增加不仅刺激总需求，引起收入的成倍增加（乘数原理），而且刺激总供给，引起生产能力的增加，追加的生产能力带来下一期收入的更快增长，更多的收入又会转化为更多的追加投资（加速原理），如此累进。本期的国民收入在下一期就不足以提供充分就业，从而总供求也不能保持均衡。因此，要实现充分就业，本期投资必须大于上期投资。为了解决这一问题，哈罗德提出了"资本-产出比"概念，利用它来推算第二期达到充分就业所需的追加投资，以使投资与国民收入的均衡增长相适应。哈罗德在经济增长理论中引入时间因素，并且用比率分析法（增长率、储蓄率）代替凯恩斯的水平分析法（国民收入、储蓄与投资的水平），从而将凯恩斯的理论长期化、动态化。哈罗德-多马模型有六个假设前提：①储蓄能够有效地转化为投资；②该国对外国的资本转移（发展援助）具有足够的吸收能力；③资本-产出比不变；④社会只生产一种产品，这种产品既可以是消费品，也可以是投资品；⑤社会生产过程中只使用劳动力和资本两种生产要素，且两种要素之间不能相互替代；⑥技术状态既定，不存在技术进步且不考虑资本折旧。

哈罗德-多马模型的中心内容是要说明经济稳定增长所需要的条件和产生经济波动的原因，以及如何调节经济实现长期的均衡增长。为此，哈罗德提出了有保证的增长率、实际增长率和自然增长率三个概念。哈罗德-多马模型突出了发展援助在经济增长中的作用：①通过提高投资（储蓄率）来促进经济增长，即通过资本转移（发展援助）能够促进发展中国家的经济增长；②发展援助通过技术转移降低资本系数（$k$），即提高资本生产率（$1/k$）来促进经济增长。而该模型的缺点在于假设①和假设⑤否定了生产要素的可替代性，是不合理的。

拉姆齐模型是现代宏观经济分析最有力的工具之一。该模型在确定性的条件下，分析最优经济增长，推导满足最优路径的跨时条件，阐述了动态非货币均衡模型中的消费和资本积累原理。拉姆齐模型研究的中心问题是跨时资源的分配，即在任何时刻，国民产出中分配给消费以产生当前效用的比例和储蓄并投资以提高未来产出和消费从而产生未来效用的比例。

索洛增长模型是几乎所有增长问题研究的出发点，甚至根本不同于索洛增长模型的理论也需要在与索洛增长模型的比较中才能得到最好的理解。因此，在考虑现实分析对象和变量的基础上，选择基于扩展的索洛增长模型，引入灾后重建的影响这一虚拟变量，采用规模收益不变和希克斯中性（Hicks neutrality）的科布-道格拉斯生产函数为基础模型。

另外，由于虚拟灾后重建政策还没有在现实中实行，无法通过地区的真实数据来进行分析，这属于"反事实"分析问题。因为本章借鉴四川省灾区的灾后重建政策的经验，对选定的湖北省、河北省、云南省、贵州省、广西壮族自治区、宁夏回族自治区贫困地区进行"推倒重来"式的虚拟灾后重建建设，所以只能用四川省真实的灾后重建数据来进行基本估量，进而类似估计贫困地区等其他地区若按照类似的灾后重建政策进行建设会对该地区经济社会产生的影响。

本章建立的扩展的索洛增长模型以地区生产总值、固定资产投资额、人口作为定量指标，并且为衡量灾前灾后的区别，增加灾前灾后这一虚拟变量，建立面板数据回归模型，对经过虚拟灾后重建的湖北省、河北省、云南省、贵州省、广西壮族自治区和宁夏回族自治区贫困地区的经济增长状况进行定量分析，衡量政策的经济效果。

## 2. 理论基础

### 1）面板数据计量回归方法

面板数据（panel data），也称平行数据，是指在时间序列上取多个截面，在这些截面上同时选取样本观测值所构成的样本数据。使用面板数据分析的优点是可以控制变量不可观测的效应，同时扩大样本容量，增加自由度，有助于缓解时间序列分析受多重共线性的困扰，能够提供更多的信息、更多的变化、更少的共线性、更多的自由度和更高的估计效率，使回归的结果更准确。

根据现实状况，自 2008 年发生"5·12"汶川地震以来，国家及各级地方政府的灾后重建等一系列大力度政策让灾区在短时间内发生了极大的变化，也促进了地方经济社会的发展，取得了明显的经济效应。本章为把经验推广到湖北省、河北省、云南省、贵州省、广西壮族自治区、宁夏回族自治区贫困地区的"虚拟灾后重建"，首先考察四川省地震极重灾区及较重灾区县市在灾前与灾后的经济发展变化情况，从而需收集不同县市的 2008 年前后几年的数据，即面板数据，然后使用面板数据回归方程拟合数据，估计灾后重建政策对经济增长的影响，最后推广到湖北省、河北省、云南省、贵州省、广西壮族自治区和宁夏回族自治区贫困地区的虚拟灾后重建的影响。

2）平稳性检验（单位根检验）

按照正规程序，面板数据模型在回归前需检验数据的平稳性。一些非平稳的经济时间序列往往表现出共同的变化趋势，而这些序列间本身不一定有直接的关联，此时，对这些数据进行回归，尽管有较高的 $R^2$，但其结果是没有任何实际意义的。这种情况称为虚假回归或伪回归（spurious regression）。这种回归有可能拟合优度、显著性水平等指标都很好，但是残差序列是一个非平稳序列，说明了这种回归关系不能够真实地反映因变量和解释变量之间存在的均衡关系，而仅仅是一种数字上的巧合。伪回归的出现说明模型的设定出现了问题，有可能需要增加解释变量或者减少解释变量，或者把原方程进行差分，以使残差序列达到平稳。

为了避免伪回归，确保估计结果的有效性，必须对各面板序列的平稳性进行检验。检验数据平稳性最常用的办法就是单位根检验。

3）固定效应模型和随机效应模型

一般而言，面板数据模型的选择有以下三种形式：混合回归模型（pooled regression model）、固定效应模型（fixed effects model）和随机效应模型（random effects model）。其中，混合回归模型是如果从时间上看，不同个体之间不存在显著性差异，从截面上看，不同截面之间也不存在显著性差异，则可以直接把面板数据混合在一起用普通最小二乘法（ordinary least square，OLS）估计参数。固定效应模型是如果对于不同的截面或不同的时间序列，模型的截距不同，则可以采用在模型中添加虚拟变量的方法估计回归参数。随机效应模型是如果固定效应模型中的截距项包括截面随机误差项和时间随机误差项的平均效应，并且这两个随机误差项都服从正态分布，则固定效应模型就变成随机效应模型。

如果选择混合回归模型，则利用普通最小二乘法估计参数；如果选择固定效应模型，则利用虚拟变量最小二乘法（least square dummy variable，LSDV）进行估计；如果选择随机效应模型，则利用可行的广义最小二乘法（feasible generalized least square，FGLS）进行估计。它可以极大限度地利用面板数据的优点，尽量减少估计误差。在面板数据模型形式的选择方法上，经常采用 F 检验决定选用混合回归模型还是固定效应模型，然后用 Hausman 检验确定应该建立随机效应模型还是固定效应模型。

4）索洛增长模型

索洛增长模型的基本形式为

$$Y = Y(K, L)$$

索洛增长模型又称新古典经济增长模型、外生经济增长模型，是在新古典经济学框架内的经济增长模型，是索洛于 1956 年首次创立的，是现代增长理论的基石。索洛增长模型描述了一个完全竞争的经济、资本和劳动投入的增长引起产出的增长，而新古典生产函数决定了在劳动供给不变时，资本的边际产出递减。这一生产函数与储蓄率不变、人口增长率不变、技术进步不变的假设结合，形成了一个完整的一般动态均衡模型。索洛增长模型强调资源的稀缺性，强调单纯物质资本积累带来的增长极限，在人口增长率不变和技术进步不变条件下的稳态零增长正是这一思想的体现。

索洛增长模型用来说明储蓄、资本积累和经济增长之间的关系。自建立以来，这一模型一直是分析以上三个变量关系的主要理论框架。本章以索洛增长模型为基础来分析跨城区这一变化对当地经济增长的影响。

5）虚拟变量

虚拟变量（dummy variables），又称虚设变量、名义变量或哑变量，是反映质的属性的一个人工变量，是量化了的自变量，通常取值为 0 或 1。引入虚拟变量可使线性回归模型变得更复杂，但对问题描述更简明，一个方程能起到两个方程的作用，而且结果更加接近现实。

灾前灾后当地会发生很多变化，主要来源于灾后重建政策的影响，灾后重建会极大地影响当地经济社会的发展，也会获得更多的财力、物力、人力资源。因此，引入灾前灾后这一虚拟变量，区别 2008 年发生汶川地震前的经济状况与发生汶川地震后的灾后重建，衡量灾后重建的效果及经济发展变化。构造另外一个二元时间虚拟变量，虚拟变量为 0 表示抗震救灾政策实施之前的时期；虚拟变量为 1 表示抗震救灾政策实施之后的时期，然后验证灾后重建对经济社会发展的影响，分析抗震救灾政策的实施效果。

## 第二节　理 论 模 型

应用索洛增长模型需要遵循它的基本假设，索洛增长模型的原假设如下。

（1）模型假设储蓄全部转化为投资，即储蓄-投资转化率假设为 1。

（2）模型假设投资的边际收益率递减，即投资的规模收益是常数。

（3）模型修正了哈罗德-多马模型的生产技术假设，采用了资本和劳动可替代的新古典科布-道格拉斯生产函数，从而解决了哈罗德-多马模型中经济增长率与人口增长率不能自发相等的问题。

本节对索洛增长模型进行调整，加入表示灾前灾后的虚拟变量，调整后的模型为

$$Y = Y(C, K, L, A) = e^C K^\alpha L^\beta e^{\gamma A}$$

其中，$Y$ 为 GDP；$K$ 为资本投资数额；$L$ 为人口数；$A$ 为灾前灾后的一个虚拟变量；$C$ 为截距项。$K$ 用固定资产投资额表示，$L$ 本应指劳动力，但是考虑数据可获得性，用人口来代表。为对比灾前灾后的变化，由于前后时间的特殊性，无法用数字量化，采用虚拟变量 $A$ 来定义区别，并且用 1 来表示灾后的经济变化，用 0 来表示灾前经济情况。截距项 $C$ 的加入，是为了避免模型误设的问题，不影响分析 $L$、$K$、$A$ 与 $Y$ 的关系，可以把截距项理解成自发的产出水平。

由此，可以两边取对数得

$$\ln Y = C + \alpha \ln K + \beta \ln L + \gamma A$$

则需拟合的回归方程为

$$\ln Y = C + \alpha \ln K + \beta \ln L + \gamma A + \varepsilon \tag{5.1}$$

利用式（5.1）进行回归计算，其中，$\varepsilon$ 表示随机干扰项，服从均值为 0、方差为 1 的标准正态分布。

## 第三节　数据来源、数据说明、数据描述

### 1. 数据来源

本节数据来源于 2004～2014 年《四川统计年鉴》。从 2004～2014 年《四川统计年鉴》收集 2003～2013 年四川省 38 个被认定为极重灾区及较重灾区的县市的地区生产总值、固定资产投资额和人口等数据。

### 2. 数据说明和数据描述

GDP 表示地区生产总值；invest 表示地区固定资产投资额，用于表示固定

投资对地区经济发展的影响，即对经济增长的推动作用；pop 表示地区年末总人口；if08 表示灾前灾后的虚拟变量，if08 = 1 表示灾后情况，if08 = 0 表示灾前情况。然后，为了使数据符合回归方程的拟合，对 GDP、invest、pop 求自然对数处理。

本节选用 2003～2013 年四川省 38 个被认定为极重灾区及较重灾区的县市为研究样本（其中，1 个被认定为较重灾区的观察数据缺失，不考虑），分析灾后重建政策的效果。选用面板数据回归方法，期望找出抗震救灾政策对经济增长的影响。统计性描述见表 5.1。

表 5.1　统计性描述

| 组别 | 变量 | GDP/万元 | invest/万元 | pop/万人 |
|---|---|---|---|---|
| 2003～2007 年（灾前） | 均值 | 423 472.1 | 165 834.6 | 44.579 47 |
| | 标准差 | 436 182.7 | 169 878 | 34.554 38 |
| | 最小值 | 16 766 | 11 788 | 4.4 |
| | 最大值 | 2 404 481 | 1 128 909 | 147.1 |
| | 样本数 | 190 | 190 | 190 |
| 2008～2013 年（灾后） | 均值 | 878 211.3 | 749 181.5 | 45.513 16 |
| | 标准差 | 925 554.8 | 580 501.8 | 35.041 48 |
| | 最小值 | 38 632 | 47 258 | 4.5 |
| | 最大值 | 5 394 763 | 3 563 425 | 147.8 |
| | 样本数 | 228 | 228 | 228 |
| 2003～2013 年（全样本） | 均值 | 671 511.7 | 484 023.8 | 45.088 76 |
| | 标准差 | 777 144.9 | 530 182.6 | 34.782 36 |
| | 最小值 | 16 766 | 11 788 | 4.4 |
| | 最大值 | 5 394 763 | 3 563 425 | 147.8 |
| | 样本数 | 418 | 418 | 418 |

# 第四节　实　证　分　析

1. 模型

针对所收集的 2003～2013 年四川省 38 个被认定为极重灾区及较重灾区的县市的数据，根据式（5.1）建立回归方程如下：

$$\ln GDP_{it} = C + \alpha \cdot \ln invest_{it} + \beta \cdot \ln pop_{it} + \gamma \cdot if08_{it} + \varepsilon \qquad （5.2）$$

其中，$GDP_{it}$ 表示地区 $i$ 在 $t$ 年的地区生产总值；$invest_{it}$ 表示地区 $i$ 在 $t$ 年的固定资产投资额；$pop_{it}$ 表示地区 $i$ 在 $t$ 年的地区年末总人口；$if08_{it}$ 表示地区 $i$ 在 $t$ 年的虚拟变量；$\varepsilon$ 表示随机干扰项，服从均值为 0、方差为 1 的标准正态分布。

在保证不违背索洛增长模型的基本假设的前提下，本模型的假设条件如下。

（1）灾前灾后地区的经济发展是存在结构性差异的，假定这个结构性差异主要是由灾后重建政策因素引起的。

（2）假定资本、人口的自然增长率为 0。灾后全国各省区市举全国之力对点支援重建四川省灾区，必然存在资本的流动，资本、人口都会增加，但是这种增长率是很难估算的，同时为了不违背索洛增长模型的基本假设，以及使得结果更加清晰，本模型计算中不考虑随着经济发展的资本和人口的自然增长率。

（3）假定灾后重建是瞬间完成的，所以从 2008 年开始考察灾后重建的效果。这种假设是为了让结果更加清晰，在现实中，这种情况在灾后重建的设施建设等情况下是不存在的，但是这个结果是长期政策影响下可以达到的。

（4）假定劳动力数量与人口数量是成正比的，即人口数增大的同时劳动力也是增加的。

另外还需注意，模型通常以就业人口来进行计算，但是考虑到县市级的就业率的数据难以获得，以人口的数量来进行计量回归的计算，做出一个近似的估计，得到的地区生产总值在以劳动力估算的情况下实际是应该乘以一个系数，但估算只是为了证明灾后重建后这些县市会有较大提升，结果只作为实际的参考，因此不影响对地区生产总值的增量的预期。

### 2. 面板回归

按常规做法，在面板数据回归前应对各变量进行平稳性检验，但在截面观测数 $N$ 较多，而年份数 $T$ 较少，即大 $N$ 小 $T$ 时，面板单位根检验并不必要。本节面板数据回归模型根据现有的经济理论模型——索洛增长模型，则模型设定可认为是正确的，即不存在模型设定误差。另外，回归之前，要确定回归模型的形式，根据研究目的，选用固定效应模型，结果如表 5.2 所示。

表 5.2　数据回归结果

| 变量 | 固定效应 | | 随机效应 | |
| --- | --- | --- | --- | --- |
| | 系数 | $P>|z|$ | 系数 | $P>|z|$ |
| lninvest | 0.383 00*** | 0.000 00 | 0.410 81*** | 0.000 00 |
| lnpop | 1.082 33*** | 0.000 00 | 0.792 36*** | 0.000 00 |
| if08 | 0.118 58*** | 0.009 00 | 0.082 21* | 0.069 00 |
| $C$ | 4.230 21*** | 0.000 00 | 4.897 79*** | 0.000 00 |

续表

| 变量 | 固定效应 | | 随机效应 | |
| --- | --- | --- | --- | --- |
| | 系数 | $P > \|z\|$ | 系数 | $P > \|z\|$ |
| $R^2$ | 0.753 11 | | | |
| $F$ 统计量 | 24.87 | 0.000 00 | | |
| Hausman 检验 | 84.76 | 0.000 00 | | |

\* 在10%的水平下显著

\*\* 在5%的水平下显著

\*\*\* 在1%的水平下显著

根据回归结果,面板回归固定效应模型的各回归系数在1%水平下都显著,且 $F$ 统计量也显著,方程整体回归效果较好。随机效应模型的拟合除虚拟变量的回归系数在 10%水平下显著外,其他的各回归系数在 1%水平下显著,方程整体回归效果也较好。

另外,估计结果表明,Hausman 检验在 1%的水平上显著,说明选用固定效应模型是合适的,同时 $F$ 统计量也较为显著,固定效应模型整体回归效果较好,所以以下分析主要基于固定效应模型的拟合结果。

根据表 5.2,可以得出回归系数 $\alpha$、$\beta$、$\gamma$ 的值,利用固定效应模型的拟合结果代入式(5.2)可得到如下回归方程:

$$\ln Y = 4.230\ 21 + 0.383\ 00\ln K + 1.082\ 33\ln L + 0.118\ 58A + \varepsilon \qquad (5.3)$$

由结果可以看到,人口和资本与产出呈正相关,符合推断。

### 3. 回归结果的解释

因为被解释变量和解释变量都取对数,所以模型是双对数线性回归模型,双对数线性回归模型的回归系数表示被解释变量对解释变量的弹性,即其回归系数表示对应解释变量变化(增加或减少)1%,被解释变量变化(增加或减少)的百分比。下面对 $C$、$\ln L$、$\ln K$、$A$ 分别进行说明。

$C$ 为横截面数据,这个数值在推理中不具有意义,在这里理解为自发的产出水平。

$L$ 为人口数。$L$ 前面的系数表示人口对地区生产总值的影响,即劳动力对经济增长的影响,地区人口增长 1%,地区生产总值增长 0.792 36%~1.082 33%。这里采用人口代替劳动力的回归,所以实际上用劳动力来表示的 $L$ 的相关系数会比这个高。

$K$ 为固定资产投资额。$K$ 前面的系数表明固定资产投资额的增加对地区生产总值的增加,即资本对经济增长的影响,固定资产投资额增长 1%,则地区生产总值增加 0.383 00%~0.410 81%。正如通常说的,投资是驱动经济发展的三驾马车之一,能够给地区生产总值带来显著的上升。

$A$ 为虚拟变量。$A$ 值为 0 或 1,表示灾后比灾前经济的变化。灾后重建促进了地区生产总值增加 0.082 21%~0.118 58%,表明四川省灾后重建政策取得了较为明显的效果,灾后重建能促进经济的增长。地震后的灾后重建政策对经济增长产生了显著的促进作用,表明国家在汶川地震后采取的一系列政策显著促进了四川省受灾县市的经济增长,取得了预期的效果。

由此,假设对一些地区进行虚拟灾后"推倒重来"式的重建,势必也将促进该地区的经济增长,为其他地区的建设提供极其重要的借鉴价值。因此,对于选定的6个省区共28个贫困县市进行虚拟灾后重建对经济影响的测度具有极其重要的借鉴价值。

# 第六章　湖北省非灾地区选址及实证分析

本章为湖北省实现脱贫提供解决方案，即非灾经济发展模式。据湖北省人民政府扶贫开发办公室的资料显示，湖北省目前的贫困状况呈现三大特征。

第一，湖北省贫困程度居全国高贫困发生率第一方阵。全国建档立卡范围涉及 28 个省区市及新疆生产建设兵团，通过对贫困发生率、贫困人口、贫困户三个关键性指标由高到低排序对比分析，湖北省各项指标位次均在前 9 位。如果据此将 28 个建档立卡省区市及新疆生产建设兵团贫困程度由高到低排序划分为三个方阵，湖北省居全国高贫困发生率第一方阵，扶贫开发任务之重超过全国及中部六省平均水平。

第二，贫困人口地域分布呈现较大区别，山区和东西部的贫困发生率较高，平原和中部地区的贫困发生率较低。全省 17 个市州、直管市、林区，贫困发生率由高到低依次排序为神农架林区、十堰市、恩施土家族苗族自治州、黄冈市、咸宁市、宜昌市、襄阳市、荆门市、荆州市、随州市、黄石市、潜江市、孝感市、鄂州市、仙桃市、天门市、武汉市。表明湖北省贫困人口分布随着地理位置走高而增加，贫困发生率山区相对高，平原地区相对低，东西部相对高，中部相对低，地理特征比较明显。

第三，贫困地区的生产生活条件需要得到改善，贫困地区的基础设施、产业发展及社会保障等问题比较突出。片区性贫困比较突出，从贫困人口、贫困村、贫困发生率及经济发展水平等主要指标比较分析，湖北省 31 个片区县贫困问题都比较突出。

拥有 590 万贫困人口的湖北省，脱贫任务之重可想而知，如何实现"十三五"规划要求的"到 2020 年，中国现行标准下农村贫困人口实现脱贫，贫困县全部摘帽，解决区域性整体贫困"，已经成为湖北省关注的焦点。

非灾经济发展模式正是指对一些经济发展状况非常差，几乎没有希望的贫困地区（称为非灾经济发展区）设置一次"虚拟灾难"，即假设这些发展几乎无望的地区遇到了一次自然灾害，相当于将这些地区的一切推倒重建，并针对这些地区设计出符合其发展要求的重建计划，完成重建之后，比较这些地区重建前后的经济发展状况，检验这一解决方案是否有用。

对于非灾经济发展区的选择必须具备一定的条件，选择要站在湖北省精准扶贫、全面脱贫的高度，既要结合贫困地区自身条件，又要着眼于如何使各地区实现经济效益显著提高。根据选址理论分析以及以上事实，本章从湖北省的 25 个国家级贫困县市①中选取非灾经济发展区。精准的非灾经济发展区选址是多个因素作用的结果，这些因素包括区域梯度分布状况和地理位置等。本章利用广义梯度推移理论和聚集经济理论来探讨非灾经济发展区的选择条件。具体选址步骤根据与其他省区市的接壤情况，以及它们所处的片区；从自然资源、经济发展、社会发展、文化发展、生态环境 5 个梯度分布状况来考察各待选县市的发展状况，并充分考虑革命老区建设的需要，选取出地理位置适宜、梯度分布状况较差的地区作为非灾经济发展区。

根据构建非灾经济发展区的主要目的——改善经济发展状况、实现脱贫，非灾经济发展区从湖北省的 25 个国家级贫困县市中选取，且这 25 个国家级贫困县市都包含在精准扶贫地区名录中。最终待选区域见表 6.1。

**表 6.1　非灾经济发展区待选区域**

| 地区 | 贫困县市 |
| --- | --- |
| 恩施土家族苗族自治州（8） | 利川市、建始县、巴东县、恩施市、宣恩县、来凤县、咸丰县、鹤峰县 |
| 十堰市（6） | 丹江口市、郧县、郧西县、竹山县、竹溪县、房县 |
| 黄冈市（5） | 麻城市、红安县、蕲春县、英山县、罗田县 |
| 孝感市（2） | 大悟县、孝昌县 |
| 宜昌市（2） | 秭归县、长阳土家族自治县 |
| 黄石市（1） | 阳新县 |
| 神农架林区（直辖单位） | |

## 第一节　地理位置条件分析

构建非灾经济发展区最根本的目的是要改善非灾经济发展区的经济发展状况，实现全面脱贫，促进全面建成小康社会。因此，在选址的时候，要考虑地理位置更有优势的待选县市，有利于重建之后的经济发展。

### 1. 与其他省区市接壤

地理位置条件首选与其他省区市接壤，因为如果先发展与其他省区市接壤的县市，可以起到桥头堡的作用，利于湖北省与外省（自治区、直辖市）的互动发展，

---

① 本章涉及县、县级市、市辖区等县级行政单位，为全书统一，简称县市

还可以吸引外省（自治区、直辖市）的投资，借助外省（自治区、直辖市）的经济发展力量来推动非灾经济发展区的经济发展。各待选县市与其他省区市接壤的具体情况如表 6.2 所示。

表 6.2　待选县市与其他省区市的接壤情况

| 地区 | 贫困县市 | 接壤省区市 |
|---|---|---|
| 十堰市 | 丹江口市 | 河南省 |
|  | 郧县 | 陕西省、河南省 |
|  | 郧西县 | 陕西省 |
|  | 竹山县 | 陕西省 |
|  | 竹溪县 | 陕西省、重庆市 |
|  | 房县 |  |
| 宜昌市 | 秭归县 |  |
|  | 长阳土家族自治县 |  |
| 孝感市 | 大悟县 | 河南省 |
|  | 孝昌县 |  |
| 黄冈市 | 红安县 | 河南省 |
|  | 罗田县 | 安徽省 |
|  | 英山县 | 安徽省 |
|  | 蕲春县 | 安徽省 |
|  | 麻城市 | 河南省、安徽省 |
| 黄石市 | 阳新县 | 江西省 |
| 恩施土家族苗族自治州 | 利川市 | 重庆市 |
|  | 建始县 | 重庆市 |
|  | 巴东县 | 重庆市 |
|  | 恩施市 | 重庆市 |
|  | 宣恩县 | 湖南省 |
|  | 咸丰县 | 重庆市、湖南省、贵州省 |
|  | 来凤县 | 重庆市、湖南省 |
|  | 鹤峰县 | 湖南省 |
| 神农架林区 |  | 重庆市 |

## 2. 片区

我国的贫困分布带有明显的区域性特征，即中国的绝对贫困人口在分布上表现为大分散、小集中态势，且主要集中在一些连片特殊困难地区，特别是一些连片特困地区的生态环境脆弱，生存条件恶劣，自然灾害频繁，基础设施和社会产业发展明显滞后，贫困程度深，已越来越成为我国全面建成小康社会进程中的最大障碍，连片特困地区是全面建成小康社会进程中的"短板"，把这块"短板"的问题解决了，全面建成小康社会的目标就能够更好地实现。进行非灾经济发展区的选址则是选择"短板中的短板"，改变它们落后的面貌必须依靠更新的扶贫理念，即连片特困地区不能仅就其地域范围、贫困规模、贫困程度及减贫工作难度等表面特征来理解。既往的贫困治理实践取得了宝贵的经验，中国扶贫模式取得了巨大的成功，但是新阶段，中国贫困治理道路的基本问题发生了重大的转变，当理性检省既往的扶贫模式，思考其在新阶段扶贫开发中的适应性时，将会发现，既往的贫困治理方式，既存在一些值得认真总结和传承的宝贵经验，也存在一些缺憾。连片特困地区的扶贫开发事业，需要通过认识到连片特困地区减贫与发展道路的独特性，激活"发展的想象力"，开创新型的贫困治理模式。

湖北省贫困县域成片特征非常明显，地理上看，成片存在的贫困区与地震灾害中的断裂带相似。根据全球构造板块学说，地壳被一些构造活动带分割为彼此相对运动的板块，板块中有的块大，有的块小。全球大部分地震发生在大板块的边界上，一部分发生在板块内部的活动断裂上。2012年3月2日湖北省出台《湖北省农村扶贫开发纲要（2011—2020年）》。确定以大别山区、武陵山区、秦巴山区和幕阜山区为扶贫攻坚主战场。四大片区中，大别山区、武陵山区、秦巴山区3个片区的26个县市已上升为国家战略，再加上湖北省确定的幕阜山区4县，共有30个县市包含其中。提出的明确扶贫目标，即到2020年，扶贫重点县市农民人均纯收入增长幅度要高于全省平均水平，并逐步扭转发展差距扩大的趋势；实现扶贫对象收入有来源，不愁吃、不愁穿，义务教育、基本医疗、住房和养老有保障等。目前湖北省的扶贫开发工作，已从解决温饱的阶段转入"巩固温饱成果、加快脱贫致富、改善生态环境、提高发展能力、缩小发展差距"的阶段。但因灾返贫、区域发展的差距继续拉大等问题仍然存在，连片特困地区发展相对滞后的问题更加凸现，因此，还需要采取更为有效的扶贫措施，从而加强扶贫效果。中共中央、国务院公开发布的《中国农村扶贫开发纲要（2011—2020年）》提出扶贫新战略的重点，部署在14个特殊片区。这14个扶贫主战场中，湖北省包括如表6.3所示的四大片区，湖北省连片贫困地区基本上都是山区：武陵山区、大别山区、秦巴山区、幕阜山区。

表6.3 湖北省连片贫困地区

| 分区 | 地市 | 县市 |
|---|---|---|
| 武陵山区(11) | 宜昌市 | 秭归县、长阳土家族自治县、五峰土家族自治县 |
| | 恩施土家族苗族自治州 | 恩施市、利川市、建始县、巴东县、宣恩县、咸丰县、来凤县、鹤峰县 |

续表

| 分区 | 地市 | 县市 |
|---|---|---|
| 大别山区（8） | 孝感市 | 孝昌县、大悟县 |
| | 黄冈市 | 团风县、红安县、罗田县、英山县、蕲春县、麻城市 |
| 秦巴山区（7） | 十堰市 | 郧县、郧西县、竹山县、竹溪县、房县、丹江口市 |
| | 襄樊市 | 保康县 |
| 幕阜山区（4） | 黄石市 | 阳新县 |
| | 咸宁市 | 通城县、崇阳县、通山县 |

我国的贫困分布带有明显的区域性特征，这是经济社会发展不平衡在新阶段的一个突出表现。这种不平衡，不仅仅表现在城乡之间、东中西部地区之间，在中西部地区也往往表现在中心城市与边远地区之间、城市和农村之间。在农村居民生存和温饱问题基本解决之后，片区的贫困问题更加凸显，这些地区成为全面建成小康社会进程中最薄弱的环节。连片特困地区是矛盾最突出、最集中的地方，所谓"短板中的短板"。一般的经济增长无法有效带动这些地区发展，常规的扶贫手段也难以奏效。因此，对这些地区必须加大投入和工作力度，强化各方面政策措施，集中力量，实施扶贫攻坚工程。只有如此，才能实现超常规发展，避免差距进一步拉大。随着国家经济实力的增强，进一步强调把连片特困地区作为主战场，符合实现全面建成小康社会目标的客观要求。国务院扶贫开发领导小组办公室原主任范小建强调解决好这些地区的贫困问题，对于新形势下政治稳定、民族团结、边疆巩固、社会和谐、生态安全都具有特殊重要的意义。《中国农村扶贫开发纲要（2011—2020年）》正是基于连片特困地区全国扶贫对象最多、贫困发生率最高、扶贫工作难度最大等特点，要求扶贫部门采取先行试点、逐片制定扶贫开发规划、分期分批推进的方式实施的。它体现出在多年扶贫开发中，国家探索出"整合力量、连片开发、集中攻坚、综合治理"的成功经验，实施连片扶贫攻坚是很有必要的。

根据聚集经济理论，即相同（类似）产业或互补产业在一个特定的、邻近地理区位上的集中会形成产业群或相互依赖的区域经济网络，从而产生经济效益，即聚集经济。新区域主义理论认为经济和社会发展的基础是生产技术与组织的变化，区域发展必须要形成自己的竞争力，该理论认为应该将区域发展和区域政策的重点放置在地区财富积累、地区内部力量的整合与动员、区域比较优势和竞争力的培育。新区域主义提倡区域发展要注重强化地方经济中的合作。因此，从理论的角度看，连片贫困地区的发展要注意加强区域协同和经济合作。在对非灾经济发展区进行重建的时候，势必会为重建地区进行投资，会有一系列企业兴起，相关产业也会发展起来。结合非灾经济发展区连成一片的地理特征，提升企业聚集度，利于形成产业群，从而产生聚集经济，这会为非灾经济发展区的经济发展提供巨大的帮助。因此，在进行非灾经济新扶贫理念实践的选址环节，本书充分考虑已有的片区划定实际情况，将片区作为另一个选址的地理位置标准，即在为非灾经济发展区选址时，选择若干个相邻或相近的地区，形成一片非灾经济发展区。

从湖北省贫困县市所在地理位置可以看出，湖北省的贫困县市都分布在东西两端。贫困地区的聚集分布，使得片区条件可以发挥作用。从中选出一片区域，将其覆盖的贫困县市作为非灾经济发展区。

片区条件将待选县市分成两部分，一部分位于湖北省西部，也就是经济断裂带的左边部分，暂且称为西部待选区；另一部分位于湖北省东部，也就是经济断裂带的右边部分，暂且称为东部待选区。具体划分如表 6.4 所示。

表 6.4　待选县市的片区划分

| 分区 | 地市 | 县市 |
| --- | --- | --- |
| 西部待选区 | 十堰市 | 丹江口市、郧县、郧西县、竹山县、竹溪县、房县 |
| | 恩施土家族苗族自治州 | 利川市、建始县、巴东县、恩施市、宣恩县、来凤县、咸丰县、鹤峰县 |
| | 神农架林区 | |
| 东部待选区 | 宜昌市 | 秭归县、长阳土家族自治县 |
| | 孝感市 | 大悟县、孝昌县 |
| | 黄冈市 | 红安县、罗田县、英山县、蕲春县、麻城市 |
| | 黄石市 | 阳新县 |

### 3. 非灾经济发展区初选

在初选中，首先考虑与其他省区市接壤的贫困县市。由表 6.2 可知，符合这一条件的贫困县市有 21 个，它们是：丹江口市、郧县、郧西县、竹山县、竹溪县、大悟县、红安县、罗田县、英山县、蕲春县、麻城市、阳新县、利川市、建始县、巴东县、恩施市、宣恩县、来凤县、咸丰县、鹤峰县、神农架林区。

然后，考虑片区条件，将上述符合条件的贫困县市划分成两个片区。划分后的非灾经济发展区初选结果如表 6.5 所示。

表 6.5　非灾经济发展区初选结果

| 分区 | 地市 | 县市 |
| --- | --- | --- |
| 西部待选区 | 十堰市 | 丹江口市、郧县、郧西县、竹山县、竹溪县 |
| | 恩施土家族苗族自治州 | 利川市、建始县、巴东县、恩施市、宣恩县、来凤县、咸丰县、鹤峰县 |
| | 神农架林区 | |
| 东部待选区 | 孝感市 | 大悟县 |
| | 黄冈市 | 红安县、罗田县、英山县、蕲春县、麻城市 |
| | 黄石市 | 阳新县 |

## 第二节　区域梯度分布状况分析

梯度分布状况是非灾经济发展区选址的决定性条件。根据定义，非灾经济发展区指发展状况非常差，几乎没有希望的贫困地区。要从诸多贫困地区中选出符合非灾经济发展区条件的贫困地区，首先要考虑如何全面地度量一个地区的经济发展状况。根据短板理论，一个地区的经济发展前景并不是仅用地区生产总值就可以衡量的，它还会受自然条件、社会状态、教育状况、环境等因素的影响。只有经济、社会、环境等协调发展的地区才可能称为完整意义上的发展状况良好的地区。因此，本节根据广义梯度推移理论，考察各贫困地区的自然资源、经济发展、社会发展、文化发展、生态环境五个梯度的分布状况，把它们作为衡量一个地区经济发展状况的指标。另外，一个地区的"短板"多，意味着该地区的劣势越多，发展状况就越差。因此，"短板"多的地区，即发展状况较差的地区就是要选的非灾经济发展区。

首先，为贫困地区的自然资源、经济发展、社会发展、文化发展、生态环境状况各选取一个指标来度量。

（1）自然资源状况用人均土地面积来衡量。湖北省的贫困县市大多是山区，以发展农业为主。对于这些地区来说，最好的自然资源就是土地，因此人均土地面积可以很好地度量这些贫困地区的自然资源状况。一个地区的人均土地面积越大，自然资源状况就越好。

（2）经济发展状况用人均地区生产总值来衡量。生产总值是公认的衡量国家经济状况的最佳指标，它不但可以反映一个国家的经济表现，更可以反映一国的国力与财富。这在一个地区中同样适用。

（3）社会发展状况用城镇人口比例来衡量。城镇人口比例也就是城镇化率，它是衡量一个国家或地区社会组织程度和管理水平的重要标志。城镇化率越高，说明该地区的社会组织程度和管理水平越高，社会发展状况越好。

（4）文化发展状况用普通中学在校学生所占比例来衡量。普通中学在校学生所占比例是指普通中学在校学生人数在总人数中所占比例。文化发展离不开教育，一个地区教育水平反映出该地区对文化的重视程度，以及该地区的文化发展状况。而对于贫困地区，很多来自贫困家庭的孩子受贫困所累，不能完成中学教育。对于贫困地区来说，中学教育就像一道门槛。因此用普通中学在校学生所占比例来衡量文化发展状况。

（5）生态环境状况用森林覆盖率来衡量。森林覆盖率是指一个地区森林面积占土地面积的百分比，是反映一个地区森林面积占有情况或森林资源丰富程度及实现绿化程度的指标，又是确定森林经营和开发利用方针的重要依据之一。对于山区来说，森林是很宝贵的资源，因此，一个地区的森林保障程度可以很好地衡量这个地区的生态环境状况，而森林保障程度又可以用森林覆盖率来衡量。森林覆盖率高，说明这个地区对生态环境的破坏程度较小，生态环境状况好。

根据前面的度量指标，选取了 2013 年初选县市每个指标的相关数据（附录 1）。并分别针对每个指标，对初选县市进行排序（附录 2）。由于要选择"短板"较多的若干县市，而认为如果某个县市在某个指标上的排名位于后十位（排名位于总体的后半部分），即可将这一指标对应的梯度作为该县市的"短板"。根据排序结果，找出每个指标排名后十位的县市，结果如表 6.6 所示。

表 6.6　五个指标排名后十位的县市

| 排名（倒数） | 自然资源梯度分布评价 | 经济发展梯度分布评价 | 社会发展梯度分布评价 | 文化发展梯度分布评价 | 生态环境梯度分布评价 |
|---|---|---|---|---|---|
| 1 | 蕲春县 | 郧西县 | 宣恩县 | 郧县 | 红安县 |
| 2 | 阳新县 | 郧县 | 巴东县 | 咸丰县 | 大悟县 |
| 3 | 红安县 | 利川市 | 建始县 | 郧西县 | 丹江口市 |
| 4 | 大悟县 | 宣恩县 | 鹤峰县 | 神农架林区 | 郧县 |
| 5 | 麻城市 | 建始县 | 竹溪县 | 竹山县 | 麻城市 |
| 6 | 罗田县 | 竹山县 | 阳新县 | 竹溪县 | 来凤县 |
| 7 | 英山县 | 大悟县 | 咸丰县 | 鹤峰县 | 利川市 |
| 8 | 来凤县 | 罗田县 | 来凤县 | 大悟县 | 郧西县 |
| 9 | 恩施市 | 竹溪县 | 郧县 | 丹江口市 | 巴东县 |
| 10 | 利川市 | 红安县 | 利川市 | 宣恩县 | 竹山县 |

要找的是"短板"较多的地区，因此，对每个初选县市，一旦在某个梯度下的排名位于后十位，给这个县市记为 1，否则记为 0，累加后的值即各县市的"短板"数，具体结果见表 6.7。

表 6.7　初选县市的"短板"数

| 初选县市 | 自然资源梯度分布评价 | 经济发展梯度分布评价 | 社会发展梯度分布评价 | 文化发展梯度分布评价 | 生态环境梯度分布评价 | "短板"数 |
|---|---|---|---|---|---|---|
| 丹江口市 | | | | 1 | 1 | 2 |
| 郧县 | 1 | | 1 | 1 | 1 | 4 |
| 郧西县 | 1 | | | 1 | 1 | 3 |
| 竹山县 | 1 | | | 1 | 1 | 3 |
| 竹溪县 | 1 | 1 | | 1 | | 3 |

续表

| 初选县市 | 自然资源梯度分布评价 | 经济发展梯度分布评价 | 社会发展梯度分布评价 | 文化发展梯度分布评价 | 生态环境梯度分布评价 | "短板"数 |
|---|---|---|---|---|---|---|
| 大悟县 | 1 | 1 | | 1 | 1 | 4 |
| 红安县 | 1 | 1 | | | 1 | 3 |
| 罗田县 | 1 | 1 | | | | 2 |
| 英山县 | 1 | | | | | 1 |
| 蕲春县 | 1 | | | | | 1 |
| 麻城市 | 1 | | | | 1 | 2 |
| 阳新县 | 1 | | 1 | | | 2 |
| 利川市 | 1 | 1 | 1 | | 1 | 4 |
| 建始县 | | 1 | 1 | | | 2 |
| 巴东县 | | | 1 | | 1 | 2 |
| 恩施市 | 1 | | | | | 1 |
| 宣恩县 | | 1 | 1 | 1 | | 3 |
| 咸丰县 | | | 1 | 1 | | 2 |
| 来凤县 | 1 | | 1 | | 1 | 3 |
| 鹤峰县 | | | 1 | 1 | | 2 |
| 神农架林区 | | | | 1 | | 1 |

根据表6.7，选择"短板"数较多的（大于或等于3）地区作为待选非灾经济发展区。这一轮经过筛选之后，符合条件的贫困县市有9个，它们是：郧县、郧西县、竹山县、竹溪县、大悟县、红安县、利川市、宣恩县、来凤县。

再将这一筛选结果与非灾经济发展区初步选址中的片区划分结合起来发现，在上述9个县市中，郧县、郧西县、竹山县、竹溪县、利川市、宣恩县、来凤县这7个县市都位于西部的经济断裂带，而大悟县和红安县则位于东部的经济断裂带。为满足片区条件，筛去大悟县和红安县。

因此，非灾经济发展区的再次选址结果为：郧县、郧西县、竹山县、竹溪县、利川市、宣恩县、来凤县。

## 第三节　支持革命老区的建设和发展及最终选址结果

革命老区是中国革命的发源地，是中华人民共和国的摇篮，在战争年代付出了巨大牺牲，作出了极大贡献。由于种种原因，许多革命老区处于欠发达状态，经济发展相对落后，还是贫困地区。不能忘记它们为中国革命胜利和社会主义现代化建设作出的重大牺牲与重要贡献，应该加大扶贫支持力度，大力推动革命老区全面建成小康社会进程。关心、重视、扶持革命老区的建设和发展，是党和国家的一贯政策，也是省委、省政府高度重视的一件大事。2015 年 11 月 27~28 日在北京召开的中央扶贫开发工作会议中也指出，要高度重视革命老区脱贫攻坚工作。因此，怎样因地制宜，扬长避短，促进革命老区县域经济实现又好又快的发展，争取早日实现全面建成小康社会的奋斗目标，是一个迫切需要解决的重大课题。在选择非灾经济发展区时，将革命老区作为优先考虑的选址区具有较强的必要性。

湖北省革命老区是中国革命老区的重要组成部分。在长期的革命战争中，湖北省革命老区人民在中国共产党的正确领导下，发扬大无畏的革命精神，为中华人民共和国的成立，付出了巨大的代价，作出了巨大的牺牲。革命老区遍及湖北省 65 个县市、1379 个乡镇，占全省县市总数的 87%，占全省乡镇总数的 72%。第二次国内革命战争时期的 10 多个著名的革命根据地中，湖北就有鄂豫皖、湘鄂赣、湘鄂西、湘鄂川黔、鄂豫陕 5 个革命根据地。这些根据地分布在湖北全省，与豫皖湘赣川黔陕 7 省边界紧密相连。为了加强扶持革命老区建设工作，20 世纪 80 年代初，湖北省成立了湖北省扶持革命老区建设委员会，并根据财政部、民政部《关于划定革命老根据地的标准》（财税〔1979〕85 号、民发〔1979〕30 号）的规定，对全省革命老区进行了确定。湖北省根据国家制定革命老区的标准，对省原确定的革命老区县市和乡镇进行了重新确认，如表 6.8 所示。上一阶段筛选结果中郧西县、竹山县、竹溪县、利川市、宣恩县、来凤县均为湖北省革命老区县市。

表 6.8　湖北省革命老区县市名单

| 单位 | 县市个数 | 县市名单 |
| --- | --- | --- |
| 武汉市 | 4 | 江夏区、蔡甸区、黄陂区、新洲区 |
| 黄石市 | 2 | 阳新县、大冶区 |
| 十堰市 | 8 | 张湾区、茅箭区、郧阳区、郧西县、竹山县、竹溪县、房县、丹江口市 |
| 襄阳市 | 7 | 襄州区、宜城市、枣阳市、南漳县、谷城县、保康县、老河口市 |
| 宜昌市 | 10 | 点军区、夷陵区、宜都市、枝江区、当阳市、远安县、兴山县、秭归县、长阳土家族自治县、五峰土家族自治县 |
| 荆州市 | 7 | 荆州区、江陵县、松滋市、公安县、石首市、监利县、洪湖市 |
| 荆门市 | 4 | 东宝区、沙洋县、钟祥市、京山县 |
| 鄂州市 | 3 | 鄂城区、华容区、梁子湖区 |
| 孝感市 | 7 | 孝南区、孝昌县、大悟县、安陆市、云梦县、应城市、汉川市 |
| 黄冈市 | 10 | 黄州区、团风县、红安县、麻城市、罗田县、英山县、浠水县、蕲春县、武穴市、黄梅县 |
| 咸宁市 | 6 | 咸安区、通城县、通山县、崇阳县、赤壁市、嘉鱼县 |

续表

| 单位 | 县市个数 | 县市名单 |
|---|---|---|
| 随州市 | 3 | 曾都区、随县、广水市 |
| 恩施土家族苗族自治州 | 8 | 恩施市、建始县、巴东县、利川市、宣恩县、咸丰县、来凤县、鹤峰县 |
| 仙桃市 | 1 | |
| 天门市 | 1 | |
| 潜江市 | 1 | |
| 神农架林区 | 1 | |
| 合计 | 83 | |

资料来源：湖北省人民政府扶贫开发办公室

　　经过了理论分析、地理位置条件分析、区域梯度分布状况分析、对革命老区的建设和发展的支持分析后，非灾经济发展区最终选定为：郧西县、竹山县、竹溪县、利川市、宣恩县、来凤县 6 个县市。

## 第四节　非灾重建对湖北省非灾经济发展区影响的实证分析

　　我国是世界上自然灾害最频繁的国家之一，灾害发生的频率和强度都居世界前列，每年因自然灾害及重大事故造成的经济损失至少数以千亿元。灾害已成为制约国民经济发展的重要因素，其频繁发生给灾害管理以及恢复重建造成了越来越大的压力和挑战。为更好地推进灾后恢复重建，国家和地区政府（主要是指中央政府）出台一系列支持灾后恢复重建政策，对受灾区域进行有效的经济干预，有目的地实行政策资金项目倾斜，解决群众生活困难，恢复生产条件，增强经济增长内生动力，促使区域经济发展与区域格局协调并保持区域分配合理。

　　第五章收集了 2003～2013 年四川省 38 个极重灾区及较重灾区的县市的地区生产总值、固定资产投资额、人口的面板数据，加入表示灾前灾后（以 2008 年为界）的虚拟变量，在对数据进行检验后，选择索洛增长模型，利用面板数据建立回归模型，对四川省灾后重建政策的实施效果进行检验。结果发现，对比灾前，灾后重建促进了地区生产总值增加 0.082 21%～0.118 58%，表明四川省灾后重建政策取得了较为明显的效果，灾后重建能促进经济的增长。地震后的灾后重建政策对经济增长产生了显著的促进作用，表明国家在汶川地震后采取的一系列政策显著促进了四川省受灾县市的经济增长，取得了预期的效果。

　　结果表明，在社会各方支援和共同努力下，灾后重建对灾区经济增长的促进取得显著的成效。汶川地震的抗震救灾政策效果明显，具有极其重要的借鉴意义。若借鉴四川省灾后重建政策的经验，对非地震灾区（选定的湖北省贫困县市）进行虚拟的灾后省重建政策"推倒重来"式的建设,将极大地促进当地经济社会的发展。利用建立的面板回归模型得出湖北省选定的 6 个贫困县市若经虚拟灾后重建,2013 年地区生产总值可比实际值增长 44.17 亿元,增长率也可提高 12.59 个百分点。同时,虚拟灾后重建将促进选定贫困县市及湖北省在人均地区生产总值、政府收入、产业结构、居民收入、消费总量和固定投资与基础设施等方面显著提高。抗震救灾政策及灾后重建效果对经济增长的影响,为后续灾区重建工作提供指导,也为其他地区实施虚拟灾后重建的政策提供了极其重要的借鉴价值。

## (一)虚拟灾后重建对当地经济增长影响的测度

### 1. 假设

四川省极重灾区及较重灾区县市的灾后重建工作带来的经济效应具有极其重要的借鉴价值。为测度对湖北省 6 个贫困县市进行虚拟灾后"推倒重来"式的重建对当地经济增长的影响,提出以下假设。

(1)对湖北省贫困县市的重建政策相当于四川省灾区县市的灾后重建政策,力度、方式等情况也类似。

(2)选定的湖北省 6 个贫困县市虚拟灾后重建对经济增长的影响与四川省灾后重建的影响一致,即上述回归方程系数可同等重要程度去衡量湖北省 6 个县市虚拟灾后重建对经济增长的影响。

(3)虚拟灾后重建暂且不考虑人道主义精神,只考虑经济效应。

### 2. 选定地区数据

非灾经济发展区最终选定为:郧西县、竹山县、竹溪县、利川市、宣恩县、来凤县 6 个县市。从 2014 年《湖北统计年鉴》收集上述选定的县市 2013 年的地区生产总值和人口、固定资产投资额数据,如表 6.9 所示。

表 6.9　选定县市的地区生产总值、人口、固定资产投资额数据

| 县市 | 地区生产总值/万元 | 人口/万人 | 固定资产投资额/万元 |
| --- | --- | --- | --- |
| 郧西县 | 531 900 | 45.06 | 506 100 |
| 竹山县 | 671 300 | 41.26 | 953 200 |
| 竹溪县 | 561 800 | 31.02 | 525 700 |
| 利川市 | 820 100 | 65.84 | 678 300 |
| 宣恩县 | 452 800 | 30.14 | 275 200 |
| 来凤县 | 470 900 | 24.45 | 403 300 |

对选定的 6 个县市进行虚拟灾后重建，对于"反事实"分析问题，灾后重建的发展模式并没有发生，现在只能借鉴四川省灾后重建的经济效果的影响对这 6 个县市进行分析和测度。假设对选定的县市进行灾后"推倒重来"式的重建，则对比灾前 $A = 0$ 和灾后 $A = 1$ 两种情况下，即若当年经过虚拟"推倒重来"式的重建，地区生产总值变化的情况。根据式（5.3）估计的地区生产总值，测度虚拟灾后重建政策对经济增长的影响及效果。

3. 虚拟灾后重建的经济效应分析

根据上述拟合的固定效应模型估计，可得出虚拟灾后重建后的 6 个县市地区生产总值估计值，如表 6.10 所示。

表 6.10 虚拟灾后重建后的 6 个县市地区生产总值估计值

| 县市 | 地区生产总值/万元 | 人口/万人 | 固定资产投资额/万元 | $A = 0$ 时地区生产总值估计值/万元 | $A = 1$ 时地区生产总值估计值/万元 | 修正的地区生产总值估计值/万元 | 地区生产总值增加估计值/万元 |
|---|---|---|---|---|---|---|---|
| 郧西县 | 531 900 | 45.06 | 506 100 | 648 376.39 | 730 005.00 | 598 864.58 | 66 964.58 |
| 竹山县 | 671 300 | 41.26 | 953 200 | 751 138.62 | 845 704.67 | 755 814.62 | 84 514.62 |
| 竹溪县 | 561 800 | 31.02 | 525 700 | 439 185.68 | 494 477.81 | 632 528.90 | 70 728.90 |
| 利川市 | 820 100 | 65.84 | 678 300 | 1 093 446.42 | 1 231 107.98 | 923 348.08 | 103 248.08 |
| 宣恩县 | 452 800 | 30.14 | 275 200 | 332 248.72 | 374 077.82 | 509 806.14 | 57 006.14 |
| 来凤县 | 470 900 | 24.45 | 403 300 | 306 682.03 | 345 292.36 | 530 184.87 | 59 284.87 |

表 6.10 中把虚拟灾后重建选定的 6 个县市初始的人口、固定资产投资额以及取虚拟变量为 0 时，代入式（5.3）后，得到郧西县、竹山县、竹溪县、利川市、宣恩县、来凤县的地区生产总值估计值分别为 648 376.39 万元、751 138.62 万元、439 185.68 万元、1 093 446.42 万元、332 248.72 万元、306 682.03 万元。当虚拟变量取值为 1 时，即若经过虚拟灾后重建后 2013 年的地区生产总值估计值，代入人口、固定资产投资额到式（5.3）时，计算得到郧西县、竹山县、竹溪县、利川市、宣恩县、来凤县的地区生产总值估计值分别为 730 005.00 万元、845 704.67 万元、494 477.81 万元、1 231 107.98 万元、374 077.82 万元、345 292.36 万元。

对上述数据进行调整，原理是基于虚拟变量为 0 时的拟合值与真实值之比等于虚拟变量为 1 时的拟合值与调整后的估计值之比。以郧西县为例，郧西县 2013 年的地区生产总值真实值为 531 900 万元，而利用模型对 2013 年的地区生产总值估计值为 648 376.39 万元，灾后重建后的 2013 年模型估计值为 730 005.00 万元。基于模型的偏差是不变的来对这一结果进行调整，得到 $A = 1$ 时 2013 年的修正的地区生产总值估计值为（531 900/648 376.39）×730 005.00 = 598 864.58 万元。同理可以计算出其他 5 个县市的修正地区生产总值估计值。若 2013 年是经过虚拟"推倒重来"式重建的，那么郧西县、竹山县、竹溪县、利川市、宣恩县、来凤县的修正的地区生产总值估计值分别为 598 864.58 万元、755 814.62 万元、632 528.90 万元、923 348.08 万元、509 806.14 万元、530 184.87 万元。与 2013 年地区生产总值真实值相比，分别增加了 66 964.58 万元、84 514.62 万元、70 728.90 万元、103 248.08 万元、57 006.14 万元、59 284.87 万元，增幅较为明显。因此，6 个县市若在 2008 年经过虚拟"推倒重来"式重建，各个县市地区生产总值增长率可提高 12.59 个百分点，地区生产总值总增加额为 441 747.19 万元，增长率也提高 12.59 个百分点，当地经济状况明显得到改善。

根据测度虚拟灾后重建对当地经济增长的影响的假设及模型的基本假定，可以看到科布-道格拉斯生产函数形式，资本和劳动力的边际报酬率是递减的，也就是说，单位资本在非贫困县市及发展较好的县市发展程度较高，6 个选定的贫困县市发展程度较低，拥有较多资本的城市生产与拥有较少资本的城市生产的产出是有差异的，在发展程度较低的贫困县市，生产能够带来更多的产出，那么经过虚拟灾后重建后基础设施的建设及产业的优化，会有一部分劳动密集型、资本密集型企业往"重建后"的贫困县市转移，统筹了城乡的发展和发展较好地区与落后贫困地区的发展，优化了资本、产业及经济效益的地区分布格局，也让资本回报率增加，从而使"重建后"的新的贫困县市地区生产总值在政策影响的基础上更上一层楼，这也验证了虚拟灾后重建后当地会发生的变化及取得的有效成果。

综上所述，采用面板数据回归模型对灾后重建政策的实施效果进行检验的结果显示，灾后重建对灾区经济增长的促进取得了显著的成效。若借鉴四川省灾后重建政策的经验，对非地震灾区（选定的湖北省贫困县市）进行虚拟的灾后重建政策"推倒重来"式的建设，将极大地促进当地经济社会的发展。若对选定的 6 个县市实施虚拟灾后重建政策，2013 年地区生产总值可比实际值增长 44.17 亿元，增长率可提高 12.59 个百分点。

## （二）进一步影响分析

### 1. 对当地经济社会的其他影响

借鉴张文彬等（2015）对四川省灾区重建的政策效果的差分法分析结果，比较非灾区（控制组）与灾区（实验组）灾后重建后对经济社会的影响如表 6.11 所示。

表 6.11 差分法估计结果

| 控制组 | 2005～2007 年 | 2008～2010 年 | Δ1 | Δ2-Δ1 |
|---|---|---|---|---|
| 人均地区生产总值 | 0.214 | 0.179 | −0.035 | |
| 政府收入 | −0.001 | 0.286 | 0.287 | |
| 产业结构 | 0.074 | 0.077 | 0.003 | |
| 农村居民纯收入 | 0.127 | 0.135 | 0.008 | |
| 城镇居民平均工资 | 0.098 | 0.140 | 0.042 | |
| 社会零售总额 | 0.168 | 0.241 | 0.073 | |
| 实验组 | 2005～2007 年 | 2008～2010 年 | Δ2 | |
| 人均地区生产总值 | 0.188 | 0.155 | −0.033 | 0.002 |
| 政府收入 | −0.206 | 0.198 | 0.404 | 0.117 |
| 产业结构 | 0.082 | 0.096 | 0.014 | 0.011 |
| 农村居民纯收入 | 0.135 | 0.143 | 0.008 | 0.000 |
| 城镇居民平均工资 | 0.084 | 0.183 | 0.099 | 0.057 |
| 社会零售总额 | 0.167 | 0.305 | 0.138 | 0.065 |

注：上述变量为平均增长率，计算方法是（当期值减去滞后一期值）再除以滞后一期值，再对得到的三年增长率相加除以 3。其中 Δ2-Δ1 为双重差分的值

在党中央、国务院的坚强领导和全国党政军民大力支持下，抗震救灾政策发挥了积极的效应，对受灾地区的各个方面均有一定促进作用。借鉴四川省灾后重建对经济社会的影响效果，若对选定的湖北省贫困县市实行虚拟灾后重建扶贫政策，将极大地推动贫困县市的社会经济发展，在经济增长速度、产业结构、居民收入、消费总量和固定投资与基础设施建设等方面将有显著的提高。当地必将会发生巨大变化，不仅可脱贫甚至还可致富。

（1）人均地区生产总值一定程度上提高。从表 6.11 中可看出，灾后重建后四川省灾区的人均地区生产总值增长率一定程度上提高了。从而，若虚拟灾后重建建设贫困县市，湖北省贫困县市必将提高人均地区生产总值增长率，从而增长资本的积累，有利于地方经济的进一步加快。

（2）政府收入较大幅度提高。虚拟灾后重建建设贫困县市将较大幅度地提高地方政府的财政收入，估计可提高 11.7 个百分点，有利于缓解地方政府财政压力，有利于地方政府的再投资，有利于公共设施和基础设施的建设，从而提高人民生活质量和经济社会质量。

（3）产业结构升级。产业结构指国民经济的各个产业部门之间和每个产业部门内部的构成。产业结构会发生变化主要受四个因素的影响，分别是：①需求结构的变化，包括中间结构和最终需求比例、人均收入水平不同阶段上的个人消费

结构、消费和投资比例以及投资结构；②供给结构的变化，包括生产要素的拥有状况和它们之间的相对价格水平、技术创新与技术结构变动、自然禀赋差异；③国际贸易，出口具有比较优势的产品，进口不具有比较优势的产品，通过贸易来弥补产业发展的不足，改善产业结构；④制度安排，经济体制模式决定了产业结构的调节或转换机制，而这种调节机制主要包括政府调节机制和市场调节机制。

实施虚拟灾后重建后，贫困县市第二产业比值增长率将较大幅度提高，产业结构将得到升级，优化了产业结构。第二产业的发展将促进本地技术的发展、人才的流入等，进一步促进经济的发展，为未来经济发展和人民致富奠定坚实的基础。

（4）居民收入提高。虚拟灾后重建建设贫困县市将对城镇居民和农村居民的收入产生促进作用，不仅可以脱贫，甚至能致富。提高人民生活水平和质量，延长当地群众的寿命，享受更加美好的生活，共享社会主义发展成果。

（5）消费总量提高。虚拟灾后重建建设贫困县市将较大幅度地提高地方的社会零售总额，提高社会消费和人民的消费水平，使人民享受更多的消费品，提高生活质量。

（6）投资增加及基础设施的建设健全。投资是拉动经济增长的三驾马车之一，投资的增加必然会带来经济的增长。贫困县市虽然有丰富的土地、资源优势，但是由于初期投资成本高、优惠税收少，再加上交通、基础建设的落后，很难吸引企业进行投资。这一现象导致本地的企业数量少，提供的就业岗位有限，引起劳动力大量外流，造成了当地经济难以发展的现状。

虚拟灾后重建政策建设贫困县市，将提高地方固定投资，加大基础建设的投资，更加完善基础设施，包括对硬件基础设施（如高速公路、电网）和软件基础设施（如制度、条例）等的投资，将促进当地整体良好发展，进一步促进经济的发展。另外，基础设施的完善将吸引企业的建设和劳动力的回流，就业水平也将更高，从而促进整个经济社会的发展。

**2. 对湖北省经济社会的影响**

贫困县市的虚拟灾后重建不仅将大幅提高当地的经济增长率，实现脱贫甚至致富，也将提高湖北省的经济发展水平，为湖北省的地区生产总值作出一定的贡献，估计每年至少贡献约44亿元的地区生产总值增加额，并且这一数值将会逐年增加。随着试点贫困县市的成功，其经验可推广到其他贫困县市，将使省内贫困县市越来越少，最终实现全面脱贫，也将极大地促进湖北省的经济增长，整体经济效益和经济环境将得到明显提高与改善。除了经济增长，也将提高湖北省的对外形象，吸引更多的企业的建设和投资、人才的回流及就业增长，将使人民生活水平大幅提高。湖北省的经济社会将发生巨大变化。

## （三）小结

第五章采用面板数据回归模型对灾后重建政策的实施效果进行了检验。结果表明，五年来在社会各方支援和共同努力下，灾后重建对灾区经济增长的促进取得了显著的成效。汶川地震的抗震救灾政策效果明显，具有极其重要的借鉴意义。

若借鉴四川省灾后重建政策的经验，对非地震灾区（选定的湖北省贫困县市）进行虚拟的灾后重建政策"推倒重来"式的建设，也将极大地促进当地经济社会的发展。最后，利用建立的面板回归模型得出选定的 6 个县市若经虚拟灾后重建，2013年地区生产总值可比实际值增长 44.17 亿元，增长率也可提高 12.59 个百分点。

同时，虚拟灾后重建将促进选定的贫困县市在人均地区生产总值、政府收入、产业结构、居民收入、消费总量和固定投资与基础设施等诸多方面有显著的提高，也将促进湖北省经济社会的更快发展。

# 第七章　河北省非灾地区选址及实证分析

本章为河北省实现脱贫提供解决方案，即非灾经济发展模式。据河北省人民政府扶贫开发办公室的资料显示，河北省扶贫开发工作已进入啃硬骨头、攻坚拔寨的冲刺期。河北省三大扶贫主战场，面临贫困程度深、资源禀赋差、发展约束重等困难，扶贫开发任务非常艰巨。具体来说，其扶贫工作有以下难题。

第一，贫困基数大。全省还有 52 个贫困县、7366 个贫困村、410 万贫困人口，这其中有 45 个是国家级贫困县和片区县。

第二，全部脱贫难度大。贫困村、贫困人口主要集中在生态环境恶劣、自然资源匮乏的偏远地区，贫困程度深，减贫成本高，脱贫难度大。

第三，缩小差距压力大。全面建成小康社会的体系中，贫困县的人均地区生产总值、城乡居民收入以及人均公共财政预算收入，都低于全省平均水平。此外，教育、卫生、医疗也都处于较低水平。

因此，面对如此不利的脱贫现状，河北省要实现贫困人口全部脱贫，任务十分艰巨。如何实现"十三五"规划要求的"到 2020 年，中国现行标准下农村贫困人口实现脱贫，贫困县全部摘帽，解决区域性整体贫困"，已经成为全省关注的焦点。

对于非灾经济发展区的选择必须具备一定的条件，选择要站在河北省精准扶贫、全面脱贫的高度，既要结合贫困地区自身条件，又要着眼于如何使各地区实现经济效益显著提高。根据选址理论分析，以及以上事实，本章根据国务院扶贫开发领导小组办公室 2012 年 3 月在其官方网站发布的《国家扶贫开发工作重点县名单》，从河北省的 39 个国家级贫困县市[①]中选取非灾经济发展区。最优化的非灾经济发展区选址是多个因素作用的结果，这些因素包括区域梯度分布状况和地理位置等。本章利用广义梯度推移理论和聚集经济理论来探讨非灾经济发展区的选择条件。具体选址步骤根据与其他省区市的接壤情况，以及它们所处的片区；从自然资源、经济发展、社会发展、文化发展、生态环境五个梯度分布状况来考察各待选县市的发展状况，并充分考虑革命老区建设的需要，选取出地理位置适宜、梯度分布状况较差的地区作为非灾经济发展区。

根据构建非灾经济发展区的主要目的——改善经济发展状况、实现脱贫，非

---

① 本章涉及县、县级市、市辖区等县级行政单位，为全书统一，统称县市

灾经济发展区从河北省的 39 个贫困县市中选取，且这 39 个贫困县市都包含在精准扶贫地区名录中。最终待选区域见表 7.1。

表 7.1　非灾经济发展区待选区域

| 地区 | 贫困县市 |
|---|---|
| 石家庄市（4） | 行唐县、灵寿县、赞皇县、平山县 |
| 秦皇岛市（1） | 青龙满族自治县 |
| 邯郸市（2） | 大名县、魏县 |
| 邢台市（6） | 临城县、巨鹿县、新河县、广宗县、平乡县、威县 |
| 保定市（4） | 阜平县、唐县、涞源县、顺平县 |
| 张家口市（10） | 张北县、康保县、沽源县、尚义县、蔚县、阳原县、怀安县、万全县、赤城县、崇礼县 |
| 承德市（5） | 平泉县、滦平县、隆化县、丰宁满族自治县、围场满族蒙古族自治县 |
| 沧州市（3） | 海兴县、盐山县、南皮县 |
| 衡水市（4） | 武邑县、武强县、饶阳县、阜城县 |

# 第一节　地理位置条件分析

## 1. 与其他省区市接壤

地理位置条件首选与其他省区市接壤，因为如果先发展与其他省区市接壤的县市，可以起到桥头堡的作用，利于河北省与外省（自治区、直辖市）的互动发展，还可以吸引外省（自治区、直辖市）的投资，借助外省（自治区、直辖市）的经济发展力量来推动非灾经济发展区的经济发展。各待选县市与其他省区市接壤的具体情况如表 7.2 所示。

表 7.2　待选县市与其他省区市的接壤情况

| 地区 | 贫困县市 | 接壤省区市 |
|---|---|---|
| 石家庄市 | 行唐县 | |
| | 灵寿县 | |
| | 赞皇县 | 山西省 |
| | 平山县 | 山西省 |
| 秦皇岛市 | 青龙满族自治县 | 辽宁省 |

续表

| 地区 | 贫困县市 | 接壤省区市 |
|---|---|---|
| 邯郸市 | 大名县 | 山东省、河南省 |
| | 魏县 | 河南省 |
| 邢台市 | 临城县 | |
| | 巨鹿县 | |
| | 新河县 | |
| | 广宗县 | |
| | 平乡县 | |
| | 威县 | |
| 保定市 | 阜平县 | 山西省 |
| | 唐县 | |
| | 涞源县 | 山西省 |
| | 顺平县 | |
| 张家口市 | 张北县 | |
| | 康保县 | 内蒙古自治区 |
| | 沽源县 | 内蒙古自治区 |
| | 尚义县 | 山西省、内蒙古自治区 |
| | 蔚县 | 山西省 |
| | 阳原县 | 山西省 |
| | 怀安县 | 山西省 |
| | 万全县 | |
| | 赤城县 | 北京市 |
| | 崇礼县 | |
| 承德市 | 平泉县 | 辽宁省、内蒙古自治区 |
| | 滦平县 | 北京市 |
| | 隆化县 | 内蒙古自治区 |
| | 丰宁满族自治县 | 北京市、内蒙古自治区 |
| | 围场满族蒙古族自治县 | 内蒙古自治区 |
| 沧州市 | 海兴县 | |
| | 盐山县 | 山东省 |
| | 南皮县 | 山东省 |
| 衡水市 | 武邑县 | |
| | 武强县 | |
| | 饶阳县 | |
| | 阜城县 | |

2. 片区

2012 年 6 月 14 日，国家扶贫开发领导小组办公室根据《中国农村扶贫开发纲要（2011—2020 年）》精神，按照"集中连片、突出重点、全国统筹、区划完整"的原则，以 2007—2009 年 3 年的人均县域地区生产总值、人均县域财政一般预算收入、县域农民人均纯收入等与贫困程度高度相关的指标为基本依据，考虑对革命老区、民族地区、边疆地区加大扶持力度的要求，在全国共划分了 11 个集中连片特殊困难地区，加上已明确实施特殊扶持政策的西藏、四省藏区、新疆南疆三地州，共 14 个片区，680 个县，作为新阶段扶贫攻坚的主战场。在这 14 个扶贫主战场中，涉及河北省的有燕山-太行山区，共有 22 个县市包含其中。具体如表 7.3 所示。

表 7.3　河北省连片贫困地区

| 分区 | 地市 | 县市 |
|---|---|---|
| 燕山-太行山区（22） | 保定市 | 涞水县、阜平县、唐县、涞源县、望都县、易县、曲阳县、顺平县 |
| | 张家口市 | 宣化县、张北县、康保县、沽源县、尚义县、蔚县、阳原县、怀安县、万全县 |
| | 承德市 | 承德县、平泉县、隆化县、丰宁满族自治县、围场满族蒙古族自治县 |

3. 非灾经济发展区初选

在初选中，首先考虑与其他省区市接壤的贫困县市。由表 7.2 可知符合这一条件的贫困县市有 21 个，它们是：赞皇县、平山县、青龙满族自治县、大名县、魏县、阜平县、涞源县、康保县、沽源县、尚义县、蔚县、阳原县、怀安县、赤城县、平泉县、滦平县、隆化县、丰宁满族自治县、围场满族蒙古族自治县、盐山县、南皮县。

然后，考虑片区条件，选出同在燕山-太行山区的贫困县市。据此，非灾经济发展区初选结果如表 7.4 所示。

表 7.4　非灾经济发展区初选结果

| 分区 | 地市 | 县市 |
|---|---|---|
| 燕山-太行山区 | 保定市 | 阜平县、涞源县 |
| | 张家口市 | 康保县、沽源县、尚义县、蔚县、阳原县、怀安县、赤城县 |
| | 承德市 | 平泉县、隆化县、丰宁满族自治县、围场满族蒙古族自治县、滦平县 |

## 第二节　区域梯度分布状况分析

梯度分布状况是非灾经济发展区选址的决定性条件。本节根据广义梯度推移理论，考察各贫困地区的自然资源、经济发展、社会发展、文化发展、生态环境五个梯度的分布状况，把它们作为衡量一个地区经济发展状况的指标。

首先，为贫困地区的自然资源、经济发展、社会发展、文化发展、生态环境状况各选取一个指标来度量。

（1）自然资源状况用人均土地面积来衡量。

（2）经济发展状况用人均地区生产总值来衡量。

（3）社会发展状况用城镇化率来衡量。

（4）文化发展状况用普通中学在校学生所占比例来衡量。

（5）生态环境状况用森林覆盖率来衡量。

根据前面的度量指标，选取了 2015 年初选县市每个指标的相关数据（附录 3），并分别针对每个指标，对初选县市进行排序（附录 4）。由于要选择"短板"较多的若干县市，而认为如果某个县市在某个指标上的排名位于后十位，即可将这一指标对应的梯度作为该县市的"短板"。根据排序结果，找出每个指标排名后七位的县市，结果如表 7.5 所示。

**表 7.5　五个指标排名后七位的县市**

| 排名（倒数） | 自然资源梯度<br>分布评价 | 经济发展梯度<br>分布评价 | 社会发展梯度<br>分布评价 | 文化发展梯度<br>分布评价 | 生态环境梯度<br>分布评价 |
| --- | --- | --- | --- | --- | --- |
| 1 | 蔚县 | 阜平县 | 尚义县 | 康保县 | 康保县 |
| 2 | 阳原县 | 阳原县 | 康保县 | 尚义县 | 阳原县 |
| 3 | 平泉县 | 康保县 | 沽源县 | 怀安县 | 沽源县 |
| 4 | 怀安县 | 蔚县 | 阜平县 | 沽源县 | 涞源县 |
| 5 | 涞源县 | 尚义县 | 丰宁县 | 隆化县 | 怀安县 |
| 6 | 滦平县 | 围场县 | 围场县 | 赤城县 | 蔚县 |
| 7 | 阜平县 | 沽源县 | 赤城县 | 阜平县 | 尚义县 |

要找的是"短板"较多的地区，因此，对每个初选县市，一旦在某个梯度下的排名位于后七位，给这个县市记为 1，否则记为 0，累加后的值即各县市的"短板"数，具体结果见表 7.6。

表 7.6 初选县市的"短板"数

| 初选县市 | 自然资源梯度<br>分布评价 | 经济发展梯度<br>分布评价 | 社会发展梯度<br>分布评价 | 文化发展梯度<br>分布评价 | 生态环境梯度<br>分布评价 | "短板"数 |
|---|---|---|---|---|---|---|
| 阜平县 | 1 | 1 | 1 | 1 | | 4 |
| 涞源县 | 1 | | | | 1 | 2 |
| 康保县 | | 1 | 1 | 1 | 1 | 4 |
| 沽源县 | | 1 | 1 | 1 | 1 | 4 |
| 尚义县 | | 1 | 1 | 1 | 1 | 4 |
| 蔚县 | 1 | 1 | | | 1 | 3 |
| 阳原县 | 1 | 1 | | | 1 | 3 |
| 怀安县 | 1 | | | 1 | 1 | 3 |
| 赤城县 | | | 1 | 1 | | 2 |
| 平泉县 | 1 | | | | | 1 |
| 隆化县 | | | | 1 | | 1 |
| 丰宁满族自治县 | | | 1 | | | 1 |
| 围场满族蒙古族<br>自治县 | | 1 | | 1 | | 2 |
| 滦平县 | 1 | | | | | 1 |

根据表 7.6，选择"短板"数较多的（大于或等于 3）县作为待选非灾经济发展区。这一轮经过筛选之后，符合条件的贫困县市有 7 个，它们是：阜平县、康保县、沽源县、尚义县、蔚县、阳原县、怀安县。

## 第三节 支持革命老区的建设和发展及最终选址结果

河北省革命老区是中国革命老区的重要组成部分。在长期的革命战争中，河北省革命老区人民在中国共产党的正确领导下，发扬大无畏的革命精神，为中华人民共和国的成立，付出了巨大的代价，作出了巨大的牺牲。河北省革命老区分属于抗日战争时期的晋察冀、晋冀鲁豫、晋冀热辽三个革命根据地。全省共有 132 个老区县市，张家口市、邯郸市、廊坊市等三个省辖市的市内各区也为老区。老区县市的乡镇总数为 2907 个，其中老区乡镇 1385 个，占总数的 47.6%。全省老区土地总面积为 15.3908 万平方千米，占全省总面积的 81.7%。

在全省 132 个老区县市中，按其所辖老区乡镇的数量，大体分为四类。

第一类，所辖乡镇 90% 以上为老区的有武安市、涉县、邱县、永年区、井陉县、鹿泉区、行唐县、平山县、灵寿县、满城区、易县、唐县、顺平县、涞源县、望都县、定州市、曲阳县、阜平县、遵化市、迁西县、迁安市、安平县、饶阳县、赞皇县，共计 24 个县市。

第二类，所辖乡镇 50%～89%为老区的有大名县、馆陶县、曲周县、磁县、成安县、广平县、宁晋县、南宫市、邢台市、隆尧县、巨鹿县、沙河市、平乡县、广宗县、新河县、威县、临城县、清河县、深泽县、束鹿县（今辛集市）、藁城区、安新县、高阳县、涞水县、蠡县、安国市、博野县、涿鹿县、赤城县、蔚县、崇礼县、阳原县、怀来县、张北县、沽源县、怀安县、宣化区、承德市、兴隆县、滦平县、丰润区、卢龙县、河间市、献县、文安县、武强县、鸡泽县、肃宁县、枣强县等 49 个县市。

第三类，所辖乡镇 10%～49%为老区的有正定县、栾城区、高邑县、无极县、元氏县、赵县、晋州市、新乐市、香河县、深州市、景县、冀州区、阜城县、武邑县、丰南区、滦县、滦南县、玉田县、青龙满族自治县、昌黎县、抚宁区、邯郸市、肥乡县、内丘县、柏乡县、临西县、平泉市、宽城满族自治县、沧县、青县、东光县、盐山县、南皮县、吴桥县、泊头市、任丘市、黄骅市、三河市、固安县、永清县、大厂回族自治县、霸州市、清苑区、涿州市、雄县、容城县、衡水市、故城县等 48 个县市。

第四类，所辖乡镇 9%以下为老区的有乐亭县、魏县、临漳县、任县、南和县、高碑店市、徐水区、定兴县、孟村回族自治县、海兴县等 10 个县市。

上一阶段筛选结果中阜平县、沽源县、蔚县、阳原县、怀安县均为河北省革命老区县市。

经过了理论分析、地理位置条件分析、区域梯度分布状况分析、对革命老区的建设和发展的支持分析后，非灾经济发展区最终选定为：阜平县、沽源县、蔚县、阳原县、怀安县 5 个县市。

## 第四节　非灾重建对河北省非灾经济发展区影响的实证分析

若借鉴四川灾后重建政策的经验，对非地震灾区（选定的河北省贫困县市）实施虚拟的灾后重建政策，进行"推倒重来"式的建设，将极大地促进当地经济社会的发展。利用建立的面板回归模型得出：选定的 5 个县市若经虚拟灾后重建，2013 年地区生产总值可比实际值增长 34.33 亿元，提高 12.59 个百分点。同时，虚拟灾后重建将促进选定的贫困县市及河北省在人均地区生产总值、政府收入、产业结构、居民收入、消费总量和固定投资与基础设施等方面的显著提高。抗震救灾政策及灾后重建效果对经济增长的影响，为后续灾区重建工作提供指导，也为其他地区实施虚拟灾后重建的政策提供了极其重要的借鉴价值。

## （一）虚拟灾后重建对当地经济增长影响的测度

### 1. 假设

四川省极重灾区及较重灾区县市的灾后重建工作带来的经济效应具有极其重要的借鉴价值。为测度对河北省 5 个贫困县市进行虚拟灾后"推倒重来"式的重建对当地经济增长的影响，提出以下假设。

（1）对河北省贫困县市的重建政策相当于四川省灾区县市的灾后重建政策，力度、方式等情况也类似。

（2）选定的河北省 5 个贫困县市虚拟灾后重建对经济增长的影响与四川省灾后重建的影响一致，即上述回归方程系数可同等重要程度去衡量河北省 5 个县市虚拟灾后重建对经济增长的影响。

（3）虚拟灾后重建暂且不考虑人道主义精神，只考虑经济效益。

### 2. 选定地区数据

非灾经济发展区最终选定为：阜平县、沽源县、蔚县、阳原县、怀安县 5 个县市。从 2014 年《河北统计年鉴》收集上述选定的县市 2013 年的地区生产总值和人口、固定资产投资额数据，如表 7.7 所示。

表 7.7　选定县市的地区生产总值、人口、固定资产投资额数据

| 县市 | 地区生产总值/万元 | 人口/万人 | 固定资产投资额/万元 |
|---|---|---|---|
| 阜平县 | 305 220 | 22.77 | 386 283 |
| 沽源县 | 384 214 | 22.31 | 529 815 |
| 蔚县 | 856 503 | 50.07 | 688 864 |
| 阳原县 | 549 921 | 27.68 | 351 500 |
| 怀安县 | 630 622 | 24.74 | 676 517 |

对选定的 5 个县市进行虚拟灾后重建，对于"反事实"分析问题，灾后重建的发展模式并没有发生，现在只能借鉴四川省灾后重建的经济效果的影响对这 5 个县市进行分析和测度。假设对选定县进行灾后"推倒重来"式的重建，则对比灾前 $A=0$ 和灾后 $A=1$ 两种情况下，即若当年经过虚拟"推倒重来"式的重建，地区生产总值的变化情况。根据式（5.3）估计的地区生产总值，测度虚拟灾后重建政策对经济增长的影响及效果。

## 3. 虚拟灾后重建的经济效益分析

根据上述拟合的固定效应模型估计，可得虚拟灾后重建后的 5 个县市地区生产总值估计值如表 7.8 所示。

表 7.8　虚拟灾后重建后的 5 个县市地区生产总值估计值

| 县市 | 地区生产总值/万元 | 人口/万人 | 固定资产投资额/万元 | $A=0$ 时地区生产总值估计值/万元 | $A=1$ 时地区生产总值估计值/万元 | 修正的地区生产总值估计值/万元 | 地区生产总值增加估计值/万元 |
|---|---|---|---|---|---|---|---|
| 阜平县 | 305 220 | 22.77 | 386 283 | 279 290.67 | 314 452.51 | 343 646.26 | 38 426.26 |
| 沽源县 | 384 214 | 22.31 | 529 815 | 308 331.57 | 347 149.57 | 432 585.37 | 48 371.37 |
| 蔚县 | 856 503 | 50.07 | 688 864 | 817 835.20 | 920 798.16 | 964 334.11 | 107 831.11 |
| 阳原县 | 549 921 | 27.68 | 351 500 | 332 771.31 | 374 666.20 | 619 154.37 | 69 233.37 |
| 怀安县 | 630 622 | 24.74 | 676 517 | 378 679.59 | 426 354.19 | 710 015.38 | 79 393.38 |

表 7.8 中把虚拟灾后重建选定的 5 个县市初始的人口、固定资产投资额以及取虚拟变量为 0 时，代入式（5.3）后，得到阜平县、沽源县、蔚县、阳原县、怀安县的地区生产总值估计值分别为 279 290.67 万元、308 331.57 万元、817 835.20 万元、332 771.31 万元、378 679.59 万元。当虚拟变量取值为 1 时，即若经过虚拟灾后重建后 2013 年的地区生产总值估计值，代入人口、固定资产投资额到式（5.3）时，计算得到阜平县、沽源县、蔚县、阳原县、怀安县的地区生产总值估计值分别为 314 452.51 万元、347 149.57 万元、920 798.16 万元、374 666.20 万元、426 354.19 万元。

对上述数据进行调整，原理是基于虚拟变量为 0 时的拟合值与真实值之比等于虚拟变量为 1 时的拟合值与调整后的估计值之比。以阜平县为例，阜平县 2013 年地区生产总值真实值为 305 220 万元，而利用模型对 2013 年的地区生产总值估计值为 279 290.67 万元，灾后重建后的 2013 年模型估计值为 314 452.51 万元。基于模型的偏差是不变的来对这一结果进行调整，得到 $A=1$ 时 2013 年的修正的地区生产总值估计值为（305 220/279 290.67）×314 452.51 = 343 646.26 万元。同理可以计算出其他 4 个县市的修正的地区生产总值估计值。若 2013 年是经过虚拟"推倒重来"式重建的，那么阜平县、沽源县、蔚县、阳原县、怀安县的修正的地区生产总值估计值分别为 343 646.26 万元、432 585.37 万元、964 334.11 万元、619 154.37 万元、710 015.38 万元。与 2013 年地区生产总值真实值相比，分别增加了 38 426.26 万元、48 371.37 万元、107 831.11 万元、69 233.37 万元、79 393.38 万元，增幅明显。因此，5 个县市若在 2013 年经过虚拟"推倒重来"式重建，各个县市地区生产总值增长率可提高 12.59 个百分点，地区生产总值总增加额为 343 255.50 万元，增长率也提高 12.59 个百分点，当地经济状况明显得到改善。

根据测度虚拟灾后重建对当地经济增长的影响的假设及模型的基本假定，可以看到科布-道格拉斯生产函数形式，资本和劳动力的边际报酬率是递减的，也就是说，单位资本在非贫困县市及发展较好的县市发展程度较高，5 个选定的贫困县市发展程度较低，拥有较多资本的城市生产与拥有较少资本的城市生产的产出是有差异的，在发展程度较低的贫困县市，生产能够带来更多的产出，那么经过虚拟灾后重建后，基础设施的建设及产业的优化，会有一部分劳动密集型、资本密集型企业往"重建后"的贫困县市转移，统筹了城乡的发展和发展较好地区与落后贫困地区的发展，优化了资本、产业及经济效益的地区分布格局，也让资本回报率增加，从而使"重建后"的新的贫困县市地区生产总值在政策影响的基础上更上一层楼，这也验证了虚拟灾后重建后当地会发生的变化及取得的有效成果。

综上所述，采用面板数据回归模型对灾后重建政策的实施效果进行检验的结果显示，灾后重建对灾区经济增长的促进取得了显著的成效。

## （二）小结

若借鉴四川省灾后重建政策的经验，对非地震灾区（选定的河北省贫困县）进行虚拟的灾后重建政策"推倒重来"式的建设，将极大地促进当地经济社会的发展。最后，利用建立的面板回归模型得出选定的 5 个县市若经虚拟灾后重建，2013 年地区生产总值可比实际值增长 34.33 亿元，增长率也可提高 12.59 个百分点。

# 第八章　云南省非灾地区选址及实证分析

本章为云南省实现脱贫提供解决方案，即非灾经济发展模式。据云南省人民政府扶贫开发办公室的资料显示，云南是全国贫困人口最多、贫困面最广、贫困程度最深的省区市之一。云南省目前的贫困状况呈现四大特征。

第一，基础设施薄弱，生产生活条件差。在云南省的四个集中连片困难地区，2009 年曾做过一次统计，不通路的自然村接近 3 万个，不通电的自然村接近 9000 个，而且有将近 150 万人口的人畜饮水问题解决不了。特别是经常发生的干旱，工程性的缺水问题，实际上就是基础设施薄弱造成的。

第二，基本公共服务滞后，人口综合素质偏低。基本公共服务特别是以社会事业建设为主的基本公共服务滞后，是云南省扶贫开发工作问题上的"短板"。基本公共服务滞后，特别是社会事业发展滞后就造成了教育、卫生等一系列公共服务跟不上，致使一些老百姓的素质，包括身体素质、科技文化素质适应不了经济社会发展的要求。

第三，可持续发展的产业基础脆弱，长期稳定的增收机制没有从根本上建立起来。可持续发展的产业基础脆弱体现在两大问题上：第一个是产业结构问题，第二个是产业的关联度问题。这两个问题也是可持续发展产业基础脆弱，长期稳定的增收机制没有从根本上建立的很关键的原因。

第四，资源环境的约束刚性大，保护与发展的矛盾突出。云南省目前土地面积是 39.6 万平方千米，但实际上其面积接近一半是天然林保护区、生态工业林区和自然保护区，而且处于大江大河的上游。按照国家实施主体功能区战略的政策要求，将把云南省划为四类区：第一类是优化开发区，第二类是重点开发区，第三类是限制开发区，第四类是禁止开发区。其结果是整个云南省，尤其在贫困地区，估计有 50% 的区域在限制开发区和禁止开发区的范围内。

因此，面对如此不利的贫困状况，云南省的脱贫任务之重可想而知，如何实现"十三五"规划要求的"到 2020 年，中国现行标准下农村贫困人口实现脱贫，贫困县全部摘帽，解决区域性整体贫困"，已经成为云南省关注的焦点。

对于非灾经济发展区的选择必须具备一定的条件，选择要站在云南省精准扶贫、全面脱贫的高度，既要结合贫困地区自身条件，又要着眼于如何使各地区实现经济效益显著提高。根据选址理论分析以及以上事实，本章从云南省的 73 个国家级贫困县市①中选取非灾经济发展区。

　　根据构建非灾经济发展区的主要目的——改善经济发展状况、实现脱贫，非灾经济发展区从云南省的 73 个国家级贫困县市中选取，且这 73 个国家级贫困县市都包含在精准扶贫地区名录中。最终待选区域见表 8.1。

表 8.1　非灾经济发展区待选区域

| 地区 | 贫困县市 |
|---|---|
| 昆明市（3） | 东川区、禄劝彝族苗族自治县、寻甸回族彝族自治县 |
| 曲靖市（2） | 富源县、会泽县 |
| 保山市（3） | 施甸县、龙陵县、昌宁县 |
| 昭通市（10） | 昭阳区、鲁甸县、巧家县、盐津县、大关县、永善县、威信县、绥江县、彝良县、镇雄县 |
| 丽江市（2） | 宁蒗彝族自治县、永胜县 |
| 普洱市（8） | 墨江哈尼族自治县、景东彝族自治县、镇沅彝族哈尼族拉祜族自治县、江城哈尼族彝族自治县、孟连傣族拉祜族佤族自治县、西盟佤族自治县、澜沧县、宁洱哈尼族彝族自治县 |
| 临沧市（7） | 临翔区、永德县、凤庆县、沧源佤族自治县、镇康县、云县、双江拉祜族佤族布朗族傣族自治县 |
| 文山壮族苗族自治州（8） | 广南县、马关县、砚山县、丘北县、文山市、富宁县、西畴县、麻栗坡县 |
| 西双版纳傣族自治州（1） | 勐腊县 |
| 德宏傣族景颇族自治州（1） | 梁河县 |
| 怒江傈僳族自治州（4） | 泸水市、兰坪白族普米族自治县、贡山独龙族怒族自治县、福贡县 |
| 迪庆藏族自治州（3） | 维西傈僳族自治县、香格里拉市、德钦县 |
| 大理白族自治州（9） | 漾濞彝族自治县、鹤庆县、弥渡县、南涧彝族自治县、巍山彝族回族自治县、永平县、云龙县、洱源县、剑川县 |
| 楚雄彝族自治州（6） | 双柏县、南华县、大姚县、姚安县、武定县、永仁县 |
| 红河哈尼族彝族自治州（6） | 屏边苗族自治县、金平苗族瑶族傣族自治县、泸西县、元阳县、红河县、绿春县 |

# 第一节　地理位置条件分析

## 1. 与其他省区市接壤

地理位置条件首选与其他省区市接壤，因为如果先发展与其他省区市接壤的

---

① 本章涉及县、县级市、市辖区等县级行政区，为全书统一，简称县市

县市，可以起到桥头堡的作用，利于云南省与外省（自治区、直辖市）的互动发展，还可以吸引外省（自治区、直辖市）的投资，借助外省（自治区、直辖市）的经济发展力量来推动非灾经济发展区的经济发展。各待选县市与其他省区市接壤的具体情况如表 8.2 所示。

**表 8.2　待选县市与其他省区市的接壤情况**

| 地区 | 贫困县市 | 接壤省区市 |
| --- | --- | --- |
| 昆明市 | 东川区 | 四川省 |
| | 禄劝彝族苗族自治县 | 四川省 |
| | 寻甸回族彝族自治县 | |
| 曲靖市 | 富源县 | 贵州省 |
| | 会泽县 | 贵州省 |
| 保山市 | 施甸县 | |
| | 龙陵县 | |
| | 昌宁县 | |
| 昭通市 | 昭阳区 | 四川省、贵州省 |
| | 鲁甸县 | 贵州省 |
| | 巧家县 | 四川省 |
| | 盐津县 | 四川省 |
| | 大关县 | |
| | 永善县 | 四川省 |
| | 威信县 | 四川省 |
| | 绥江县 | 四川省 |
| | 彝良县 | 贵州省 |
| | 镇雄县 | 贵州省 |
| 丽江市 | 宁蒗彝族自治县 | 四川省 |
| | 永胜县 | |
| 普洱市 | 墨江哈尼族自治县 | |
| | 景东彝族自治县 | |
| | 镇沅彝族哈尼族拉祜族自治县 | |
| | 江城哈尼族彝族自治县 | |
| | 孟连傣族拉祜族佤族自治县 | |
| | 西盟佤族自治县 | |
| | 澜沧县 | |
| | 宁洱哈尼族彝族自治县 | |

续表

| 地区 | 贫困县市 | 接壤省区市 |
| --- | --- | --- |
| 临沧市 | 临翔区 | |
| | 永德县 | |
| | 凤庆县 | |
| | 沧源佤族自治县 | |
| | 镇康县 | |
| | 云县 | |
| | 双江拉祜族佤族布朗族傣族自治县 | |
| 文山壮族苗族自治州 | 广南县 | 广西壮族自治区 |
| | 马关县 | |
| | 砚山县 | |
| | 丘北县 | |
| | 文山市 | |
| | 富宁县 | 广西壮族自治区 |
| | 西畴县 | |
| | 麻栗坡县 | |
| 西双版纳傣族自治州 | 勐腊县 | |
| 德宏傣族景颇族自治州 | 梁河县 | |
| 怒江傈僳族自治州 | 泸水市 | |
| | 兰坪白族普米族自治县 | |
| | 贡山独龙族怒族自治县 | 西藏自治区 |
| | 福贡县 | |
| 迪庆藏族自治州 | 维西傈僳族自治县 | |
| | 香格里拉市 | 四川省 |
| | 德钦县 | 四川省、西藏自治区 |
| 大理白族自治州 | 漾濞彝族自治县 | |
| | 鹤庆县 | |
| | 弥渡县 | |
| | 南涧彝族自治县 | |
| | 巍山彝族回族自治县 | |
| | 永平县 | |
| | 云龙县 | |
| | 洱源县 | |
| | 剑川县 | |

续表

| 地区 | 贫困县市 | 接壤省区市 |
|---|---|---|
| 楚雄彝族自治州 | 双柏县 | |
| | 南华县 | |
| | 大姚县 | |
| | 姚安县 | |
| | 武定县 | 四川省 |
| | 永仁县 | 四川省 |
| 红河哈尼族彝族自治州 | 屏边苗族自治县 | |
| | 金平苗族瑶族傣族自治县 | |
| | 泸西县 | |
| | 元阳县 | |
| | 红河县 | |
| | 绿春县 | |

## 2. 片区

2012 年 6 月 14 日，国家扶贫开发领导小组办公室根据《中国农村扶贫开发纲要（2011—2020 年）》精神，按照"集中连片、突出重点、全国统筹、区划完整"的原则，以 2007—2009 年 3 年的人均县域地区生产总值、人均县域财政一般预算收入、县域农民人均纯收入等与贫困程度高度相关的指标为基本依据，考虑对革命老区、民族地区、边疆地区加大扶持力度的要求，在全国共划分了 11 个集中连片特殊困难地区，加上已明确实施特殊扶持政策的西藏、四省藏区、新疆南疆三地州，共 14 个片区，680 个县，作为新阶段扶贫攻坚的主战场。这 14 个扶贫主战场中，云南省包括如表 8.3 所示的四大片区，即乌蒙山区、滇桂黔石漠化区、滇西边境山区和四省藏区。

表 8.3　云南省连片贫困地区

| 分区 | 地市 | 县市 |
|---|---|---|
| 乌蒙山区（15） | 昆明市 | 禄劝彝族苗族自治县、寻甸回族彝族自治县 |
| | 曲靖市 | 会泽县、宣威市 |
| | 昭通市 | 昭阳区、鲁甸县、巧家县、盐津县、大关县、永善县、绥江县、镇雄县、彝良县、威信县 |
| | 楚雄彝族自治州 | 武定县 |

续表

| 分区 | 地市 | 县市 |
|---|---|---|
| 滇桂黔石漠化区（11） | 曲靖市 | 师宗县、罗平县 |
| | 红河哈尼族彝族自治州 | 屏边苗族自治县、泸西县 |
| | 文山壮族苗族自治州 | 砚山县、西畴县、麻栗坡县、马关县、丘北县、广南县、富宁县 |
| 滇西边境山区（56） | 保山市 | 隆阳区、施甸县、龙陵县、昌宁县 |
| | 丽江市 | 玉龙纳西族自治县、永胜县、宁蒗彝族自治县 |
| | 普洱市 | 宁洱哈尼族彝族自治县、墨江哈尼族自治县、景东彝族自治县、景谷傣族彝族自治县、镇沅彝族哈尼族拉祜族自治县、江城哈尼族彝族自治县、孟连傣族拉祜族佤族自治县、澜沧、西盟佤族自治县 |
| | 临沧市 | 临翔区、凤庆县、云县、永德县、镇康县、双江拉祜族佤族布朗族傣族自治县、耿马傣族佤族自治县、沧源佤族自治县 |
| | 楚雄彝族自治州 | 双柏县、牟定县、南华县、姚安县、大姚县、永仁县 |
| | 红河哈尼族彝族自治州 | 石屏县、元阳县、红河县、金平苗族瑶族傣族自治县、绿春县 |
| | 西双版纳傣族自治州 | 勐海县、勐腊县 |
| | 大理白族自治州 | 漾濞彝族自治县、祥云县、宾川县、弥渡县、南涧彝族自治县、巍山彝族回族自治县、永平县、云龙县、洱源县、剑川县、鹤庆县 |
| | 德宏傣族景颇族自治州 | 芒市、梁河县、盈江县、陇川县 |
| | 怒江傈僳族自治州 | 泸水市、福贡县、贡山独龙族怒族自治县、兰坪白族普米族自治县 |
| 四省藏区（3） | 迪庆藏族自治州 | 香格里拉市、德钦县、维西傈僳族自治县 |

片区条件将待选县市分成四部分，第一部分位于云南省东北部，即乌蒙山区；第二部分位于云南省东部，即滇桂黔石漠化区；第三部分位于云南省西南部，即滇西边境山区；第四部分位于云南省西北部，即四省藏区。

3. 非灾经济发展区初选

在初选中，首先考虑与其他省份接壤的贫困县市。由表 8.2 可知，符合这一条件的贫困县市有 21 个，它们是：东川区、禄劝彝族苗族自治县、富源县、会泽县、昭阳区、鲁甸县、巧家县、盐津县、永善县、威信县、绥江县、彝良县、镇雄县、宁蒗彝族自治县、广南县、富宁县、贡山独龙族怒族自治县、香格里拉市、德钦县、武定县、永仁县。

充分考虑片区条件，发现以上 21 个贫困县市大多集中在乌蒙山区，因此选取乌蒙山区中与其他省份接壤的贫困县市为初选非灾经济发展区，结果如表 8.4 所示。

表 8.4 非灾经济发展区初选结果

| 分区 | 地市 | 县市 |
| --- | --- | --- |
| 乌蒙山区（12） | 昆明市 | 禄劝彝族苗族自治县 |
| | 曲靖市 | 会泽县 |
| | 昭通市 | 昭阳区、鲁甸县、巧家县、盐津县、永善县、绥江县、镇雄县、彝良县、威信县 |
| | 楚雄彝族自治州 | 武定县 |

## 第二节 区域梯度分布状况分析

梯度分布状况是非灾经济发展区选址的决定性条件。本节根据广义梯度推移理论，考察各贫困地区的自然资源、经济发展、社会发展、文化发展、生态环境五个梯度的分布状况，把它们作为衡量一个地区经济发展状况的指标。

首先，为贫困地区的自然资源、经济发展、社会发展、文化发展、生态环境状况各选取一个指标来度量。

（1）自然资源状况用人均土地面积来衡量。

（2）经济发展状况用人均地区生产总值来衡量。

（3）社会发展状况用城镇人口比例来衡量。

（4）文化发展状况用普通中学在校学生所占比例来衡量。

（5）生态环境状况用林业产值占地区生产总值的比例来衡量。由于数据的可得性问题，使用林业产值占地区生产总值的比例来近似衡量森林覆盖率，从而确定生态环境状况的好坏。

根据前面的度量指标，选取了 2013 年初选县市每个指标的相关数据（附录 5），并分别针对每个指标，对初选县市进行排序（附录 6）。由于要选择"短板"较多的若干县市，而认为如果某个县市在某个指标上的排名位于后六位（排名位于总体的后半部分），即可将这一指标对应的梯度作为该县市的"短板"。根据排序结果，找出每个指标排名后六位的县市，结果如表 8.5 所示。

表8.5 五个指标排名后六位的县市

| 排名（倒数） | 自然资源梯度分布评价 | 经济发展梯度分布评价 | 社会发展梯度分布评价 | 文化发展梯度分布评价 | 生态环境梯度分布评价 |
| --- | --- | --- | --- | --- | --- |
| 1 | 昭阳区 | 镇雄县 | 禄劝彝族苗族自治县 | 禄劝彝族苗族自治县 | 昭阳区 |
| 2 | 镇雄县 | 威信县 | 镇雄县 | 武定县 | 禄劝彝族苗族自治县 |
| 3 | 威信县 | 巧家县 | 巧家县 | 巧家县 | 镇雄县 |
| 4 | 鲁甸县 | 彝良县 | 彝良县 | 会泽县 | 永善县 |
| 5 | 绥江县 | 盐津县 | 永善县 | 绥江县 | 会泽县 |
| 6 | 彝良县 | 鲁甸县 | 鲁甸县 | 彝良县 | 鲁甸县 |

要找的是"短板"较多的地区，因此，对每个初选县市，一旦在某个梯度下的排名位于后六位，给这个县市记为1，否则记为0，累加后的值即各县市的"短板"数，具体结果见表8.6。

表8.6 初选县市的"短板"数

| 初选县级单位 | 自然资源梯度分布评价 | 经济发展梯度分布评价 | 社会发展梯度分布评价 | 文化发展梯度分布评价 | 生态环境梯度分布评价 | "短板"数 |
| --- | --- | --- | --- | --- | --- | --- |
| 禄劝彝族苗族自治县 | | | 1 | 1 | 1 | 3 |
| 会泽县 | | | | 1 | 1 | 2 |
| 昭阳区 | 1 | | | | 1 | 2 |
| 鲁甸县 | 1 | 1 | 1 | | 1 | 4 |
| 巧家县 | | 1 | 1 | 1 | | 3 |
| 盐津县 | | 1 | | | | 1 |
| 永善县 | | | 1 | | 1 | 2 |
| 绥江县 | 1 | | | 1 | | 2 |
| 镇雄县 | 1 | 1 | 1 | | 1 | 4 |
| 彝良县 | 1 | 1 | 1 | 1 | | 4 |
| 威信县 | 1 | 1 | | | | 2 |
| 武定县 | | | | 1 | | 1 |

根据表8.6，选择"短板"数较多的（大于或等于3）县市作为待选非灾经济

发展区。这一轮经过筛选之后，符合条件的贫困县市有 5 个，它们是：镇雄县、鲁甸县、彝良县、巧家县、禄劝彝族苗族自治县。

观察这 5 个符合条件的贫困县市发现镇雄县、鲁甸县、彝良县、巧家县在地理上构成连片的狭长地带，而禄劝彝族苗族自治县与它们相距较远，因此，再次筛选时将禄劝彝族苗族自治县筛去。那么非灾经济发展区的再次选址结果为：镇雄县、鲁甸县、彝良县、巧家县。

## 第三节　支持革命老区的建设和发展及最终选址结果

云南省革命老区县市涉及 15 个州市的 47 个老区县市和 19 个非老区县市的 38 个乡镇，全省老区土地面积 180 233 平方千米，占全省土地面积的 46.0%。2008 年老区总人口 2201 万人（其中 47 个县市 1908.6 万人），占全省总人口的 49%。革命老区区域分布见表 8.7。

**表 8.7　云南省革命老区县市名单**

| 州市 | 老区县市 | 老区乡镇 | 土地面积/平方千米 |
|---|---|---|---|
| 昭通市 | <u>威信县★</u>、<u>彝良县★</u>、<u>镇雄县★</u> | | 8 085 |
| 文山壮族苗族自治州 | <u>富宁县●★</u>、<u>广南县★</u>、<u>丘北县</u>、西畴县、麻栗坡县●、<u>马关县●</u>、<u>砚山县</u> | 文山县追栗街乡、古木镇 | 29 175 |
| 昆明市 | 宜良县、石林县、<u>禄劝彝族苗族自治县</u>、<u>寻甸回族彝族自治县</u> | 安宁市八街镇、西山区海口镇、晋宁县夕阳乡、双河乡、富民县款庄乡、东村乡、东川区铜都镇、汤丹镇 | 12 904 |
| 曲靖市 | 罗平县、师宗县、陆良县、宣威市▲、富源县、马龙区、会泽县、沾益县 | 麒麟区东山镇 | 27 754 |
| 楚雄彝族自治州 | 楚雄市、<u>南华县</u> | 姚安县弥兴镇、大河口乡、官屯乡、左门乡 | 7 601 |
| 玉溪市 | 易门县、峨山彝族自治县、新平彝族傣族自治县、元江哈尼族彝族傣族自治县 | 华宁县通红甸乡、盘溪乡 | 10 915 |
| 红河哈尼族彝族自治州 | 弥勒市、<u>泸西县</u> | 红河县浪堤乡、大羊街乡、车古乡 | 6 004 |
| 普洱市 | <u>思茅区</u>、<u>宁洱哈尼族彝族自治县</u>、<u>澜沧县●</u>、<u>景谷傣族彝族自治县</u>、<u>江城哈尼族彝族自治县●</u>、<u>墨江哈尼族自治县</u> | | 32 809 |
| 西双版纳傣族自治州 | <u>勐腊县●</u> | | 7 081 |
| 大理白族自治州 | <u>剑川县</u>、<u>鹤庆县</u>、<u>洱源县</u>、祥云县▲ | 宾川县平川镇、钟英乡、拉乌乡、云龙县检槽乡、白石镇、长新乡、漾濞县漾江镇、巍山县青华乡、弥渡县牛街乡、密址乡 | 12 682 |

续表

| 州市 | 老区县市 | 老区乡镇 | 土地面积/平方千米 |
|---|---|---|---|
| 保山市 | | 隆阳区金鸡乡 | 61 |
| 丽江市 | 华坪县、永胜县、玉龙纳西族自治县▲、古城区 | | 14 798 |
| 怒江傈僳族自治州 | 兰坪白族普米族自治县 | | 4 325 |
| 迪庆藏族自治州 | | 香格里拉县虎跳峡镇、上江乡、三坝乡、金江镇 | 2 797 |
| 临沧市 | 沧源佤族自治县● | 临翔区平村乡、云县茶房乡、双江县大文乡 | 3 242 |
| 总计 | 47 个 | 38 个 | 180 233 |
| 占全省比例 | 36.4% | | 46.0% |

注：带"＿＿"为国家重点扶持县市，共 27 个，带"▲"为省级重点扶持县市，带"●"为边境县市，带"★"为国家认定的革命老区县市

　　云南全省 47 个革命老区县市，涉及 15 个州市，有 27 个国家重点扶持县市，有 3 个省级重点扶持县市，有 17 个非重点扶持县市；有 5 个第二次国内革命战争时期的老县市，有 42 个解放战争时期的老区县市；有 7 个边境县市，有 40 个非边境县市。另外，有 38 个老区乡镇分布在 10 个州市 19 个非老区县市。上一阶段筛选结果中镇雄县、彝良县为云南省革命老区县市。考虑到鲁甸县、巧家县与镇雄县、彝良县形成连片发展区域，也应一同纳入非灾经济发展区。

　　经过了理论分析、地理位置条件分析、区域梯度分布状况分析、对革命老区的建设和发展的支持分析后，非灾经济发展区最终选定为：镇雄县、鲁甸县、彝良县、巧家县 4 个县市。

## 第四节　非灾重建对云南省非灾经济发展区影响的实证分析

　　若借鉴四川灾后重建政策的经验，对非地震灾区（选定的云南省贫困县市）进行虚拟的灾后重建政策"推倒重来"式的建设，这将极大地促进当地经济社会的发展。利用建立的面板回归模型得出云南省选定的 4 个贫困县市若经虚拟灾后重建，2013 年地区生产总值可比实际值增长 29.62 亿元，增长率也可提高 12.59 个百分点。同时，虚拟灾后重建将促进选定贫困县市及云南省在人均地区生产总值、政府收入、产业结构、居民收入、消费总量和固定投资与基础设施等方面显著提高。抗震救灾政策及灾后重建效果对经济增长的影响，为后续灾区重建工作提供指导，也为其他地区实施虚拟灾后重建的政策提供了极其重要的借鉴价值。

## （一）虚拟灾后重建对当地经济增长影响的测度

### 1. 假设

四川省极重灾区及较重灾区县市的灾后重建工作带来的经济效应具有极其重要的借鉴价值。为测度对云南省 4 个贫困县市进行虚拟灾后"推倒重来"式的重建对当地经济增长的影响，提出以下假设。

（1）对云南省贫困县市的重建政策相当于四川省灾区县市的灾后重建政策，力度、方式等情况也类似。

（2）选定的云南省 4 个贫困县市虚拟灾后重建对经济增长的影响与四川省灾后重建的影响一致，即上述回归方程系数可同等重要程度去衡量云南省 4 个县市虚拟灾后重建对经济增长的影响。

（3）虚拟灾后重建暂且不考虑人道主义精神，只考虑经济效应。

### 2. 选定地区数据

非灾经济发展区最终选定为：镇雄县、鲁甸县、彝良县、巧家县 4 个县市。从 2014 年《云南统计年鉴》收集上述选定的县市 2013 年的地区生产总值和人口、固定资产投资额数据，如表 8.8 所示。

表 8.8　选定县的地区生产总值、人口、固定资产投资额数据

| 县市 | 地区生产总值/万元 | 人口/万人 | 固定资产投资额/万元 |
|---|---|---|---|
| 镇雄县 | 964 281 | 136.05 | 676 212 |
| 鲁甸县 | 423 595 | 40.20 | 450 993 |
| 彝良县 | 498 139 | 53.52 | 429 357 |
| 巧家县 | 466 833 | 52.61 | 351 792 |

对选定的 4 个县市进行虚拟灾后重建，对于"反事实"分析问题，灾后重建的发展模式并没有发生，现在只能借鉴四川省灾后重建的经济效果的影响对这 4 个县市进行分析和测度。假设对选定的县市进行灾后"推倒重来"式的重建，则对比灾前 $A = 0$ 和灾后 $A = 1$ 两种情况下，即若当年经过虚拟"推倒重来"式的重建，地区生产总值变化的情况。根据式（5.3）估计的地区生产总值，测度虚拟灾后重建政策对经济增长的影响及效果。

### 3. 虚拟灾后重建的经济效应分析

根据上述拟合的固定效应模型估计，可得出虚拟灾后重建后的 4 个县市地区生产总值估计值，如表 8.9 所示。

**表 8.9　虚拟灾后重建后的 4 个县市地区生产总值估计值**

| 县市 | 地区生产总值/万元 | 人口/万人 | 固定资产投资额/万元 | $A=0$ 时地区生产总值估计值/万元 | $A=1$ 时地区生产总值估计值/万元 | 修正的地区生产总值估计值/万元 | 地区生产总值增加估计值/万元 |
|---|---|---|---|---|---|---|---|
| 镇雄县 | 964 281 | 136.05 | 676 212 | 2 395 766.83 | 2 697 386.55 | 1 085 681.03 | 121 400.03 |
| 鲁甸县 | 423 595 | 40.2 | 450 993 | 548 284.39 | 617 311.71 | 476 924.32 | 53 329.32 |
| 彝良县 | 498 139 | 53.52 | 429 357 | 733 417.38 | 825 752.39 | 560 853.18 | 62 714.18 |
| 巧家县 | 466 833 | 52.61 | 351 792 | 667 034.41 | 751 012.00 | 525 605.85 | 58 772.85 |

　　表 8.9 中把虚拟灾后重建选定的 4 个县市初始的人口、固定资产投资额以及取虚拟变量为 0 时，代入式（5.3）后，得到镇雄县、鲁甸县、彝良县、巧家县的地区生产总值估计值分别为 2 395 766.83 万元、548 284.39 万元、733 417.38 万元、667 034.41 万元。当虚拟变量取值为 1 时，即若经过虚拟灾后重建后 2013 年的地区生产总值估计值，代入人口、固定资产投资额到式（5.3）时，计算得到镇雄县、鲁甸县、彝良县、巧家县的地区生产总值估计值分别为 2 697 386.55 万元、617 311.71 万元、825 752.39 万元、751 012.00 万元。

　　对上述数据进行调整，原理是基于虚拟变量为 0 时的拟合值与真实值之比等于虚拟变量为 1 时的拟合值与调整后的估计值之比。以镇雄县为例，镇雄县 2013 年地区生产总值真实值 964 281 万元，而利用模型对 2013 年的地区生产总值估计值为 2 395 766.83 万元，灾后重建后的 2013 年模型估计值为 2 697 386.55 万元。基于模型的偏差是不变的来对这一结果进行调整，得到 $A=1$ 时 2013 年的地区生产总值真实估计值为（964 281/2 395 766.83）×2 697 386.55＝1 085 681.03 万元。同理可以计算出其他 3 个县市的修正地区生产总值估计值。若 2013 年是经过虚拟"推倒重来"式重建的，那么镇雄县、鲁甸县、彝良县、巧家县的地区生产总值估计值分别为 1 085 681.03 万元、476 924.32 万元、560 853.18 万元、525 605.85 万元。与 2013 年地区生产总值真实值相比，分别增加了 121 400.03 万元、53 329.32 万元、62 714.18 万元、58 772.85 万元，增幅较为明显。因此，4 个县市若在 2008 年经过虚拟"推倒重来"式重建，各个县市地区生产总值增长率可提高 12.59 个百分点，地区生产总值总增加额为 29.62 亿元，增长率也提高 12.59 个百分点，当地经济状况明显得到改善。

　　根据测度虚拟灾后重建对当地经济增长的影响的假设及模型的基本假定，可以看到科布-道格拉斯生产函数形式，资本和劳动力的边际报酬率是递减的，也就是说，单位资本在非贫困县市及发展较好的县市发展程度较高，4 个选定的贫困县市发展程度较低，拥有较多资本的城市生产与拥有较少资本的城市生产的产出是有差异的，在发展程度较低的贫困县市，生产能够带来更多的产出，那么经过虚拟灾后重建后，基础设施的建设及产业的优化，会有一部分劳动密集型、资本密集型企业往"重建后"的贫困县市转移，统筹了城乡的发展和发展较好地区与落后贫困地区的发展，优化了资本、产业及经济效益的地区分布格局，也让资本回报率增加，从而使"重建后"的新的贫困县市地区生产总值在政策影响的基础上更上一层楼，这也验证了虚拟灾后重建后当地会发生的变化及取得的有效成果。

综上所述，采用面板数据回归模型对灾后重建政策的实施效果进行检验的结果显示，灾后重建对灾区经济增长的促进取得显著的成效。

## （二）小结

若借鉴四川省灾后重建政策的经验，对非地震灾区（选定的云南省贫困县市）进行虚拟的灾后重建政策"推倒重来"式的建设，将极大地促进当地经济社会的发展。最后，利用建立的面板回归模型得出选定的 4 个县市若经虚拟灾后重建，2013 年地区生产总值可比实际值增长 29.62 亿元，增长率也可提高 12.59 个百分点。

# 第九章　贵州省非灾地区选址及实证分析

本章为贵州省实现脱贫提供解决方案，即非灾经济发展模式。据贵州省人民政府扶贫开发办公室的资料显示，贵州省目前的贫困状况呈现以下特征。

第一，贵州省是一个多民族省份，全省有 3 个自治州和 11 个自治县，自治地方共辖 46 个县市，根据第六次全国人口普查，少数民族人口占全省总人口的 33.93%。作为典型的"欠发达、欠开发"的省份，贵州省的农村贫困人口居全国首位，全省有 50 个国家级贫困县市，其中民族自治地方就有 36 个。同时，贵州省分属于武陵山区、乌蒙山区、滇桂黔石漠化区，这三个特殊贫困地区占据了贵州省绝大部分的贫困地区，也是贵州省少数民族集中地区。

第二，贵州省民族地区贫困面大，农民收入低、贫困程度深。少数民族地区生产生活条件恶劣、基础设施状况差、社会服务水平低、文化素质低、增收门路少、居住分散而导致"绝对贫困"。同时，受地理因素和生态环境状况的影响，滇桂黔石漠化区贵州片区是贵州省灾害较为频繁的区域，旱涝、冰冻、霜雪、暴雨、冰雹等气候灾害和泥崩塌、滑坡、泥石流等地质灾害常常发生，农作物不能保证稳产高产，农民人均粮食占有量低，许多已实施的水利、交通等基础设施因灾受损严重，因灾返贫问题十分突出，遇到较大自然灾害年，返贫率在 20%以上。贫困地区持续发展已经成为新时期农村扶贫开发的关键性任务，创新扶贫模式显得尤为重要和迫切。

对于非灾经济发展区的选择必须具备一定的条件，选择要站在贵州省精准扶贫、全面脱贫的高度，既要结合贫困地区自身条件，又要着眼于如何使各地区实现经济效益显著提高。根据选址理论分析以及以上事实，本章从贵州省的 50 个国家级贫困县市[①]中选取非灾经济发展区。

根据构建非灾经济发展区的主要目的——改善经济发展状况、实现脱贫，非灾经济发展区从贵州省的 50 个国家级贫困县市中选取，且这 50 个国家级贫困县市都包含在精准扶贫地区名录中。最终待选区域见表 9.1。

**表 9.1　非灾经济发展区待选区域**

| 地区 | 贫困县市 |
| --- | --- |
| 六盘水市（3） | 六枝特区、水城县、盘县 |
| 遵义市（4） | 正安县、道真仡佬族苗族自治县、务川仡佬族苗族自治县、习水县 |

---

① 本章涉及县、县级市、市辖区等县级行政单位，为全书统一，简称县市

| 地区 | 贫困县市 |
|------|----------|
| 安顺市（4） | 普定县、镇宁布依族苗族自治县、关岭布依族苗族自治县、紫云苗族布依族自治县 |
| 铜仁市（7） | 江口县、石阡县、思南县、印江县、德江县、沿河县、松桃县 |
| 黔西南布依族苗族自治州（7） | 兴仁县、普安县、晴隆县、贞丰县、望谟县、册亨县、安龙县 |
| 毕节市（5） | 大方县、织金县、纳雍县、威宁彝族回族苗族自治县、赫章县 |
| 黔东南苗族侗族自治州（14） | 黄平县、施秉县、三穗县、岑巩县、天柱县、锦屏县、剑河县、台江县、黎平县、榕江县、从江县、雷山县、麻江县、丹寨县 |
| 黔南布依族苗族自治州（6） | 荔波县、独山县、平塘县、罗甸县、长顺县、三都水族自治县 |

# 第一节　　地理位置条件分析

## 1. 与其他省区市接壤

地理位置条件首选与其他省区市接壤，因为如果先发展与其他省区市接壤的县市，可以起到桥头堡的作用，利于贵州省与外省（自治区、直辖市）的互动发展，还可以吸引外省（自治区、直辖市）的投资，借助外省（自治区、直辖市）的经济发展力量来推动非灾经济发展区的经济发展。各待选县市与其他省区市接壤的具体情况如表9.2所示。

表9.2　待选县市与其他省区市的接壤情况

| 地区 | 贫困县市 | 接壤省区市 |
|------|----------|------------|
| 六盘水市 | 六枝特区 | |
| | 水城县 | 云南省 |
| | 盘县 | 云南省 |
| 遵义市 | 正安县 | 重庆市 |
| | 道真仡佬族苗族自治县 | 重庆市 |
| | 务川仡佬族苗族自治县 | 重庆市 |
| | 习水县 | 重庆市、四川省 |
| 安顺市 | 普定县 | |
| | 镇宁布依族苗族自治县 | |
| | 关岭布依族苗族自治县 | |
| | 紫云苗族布依族自治县 | |

续表

| 地区 | 贫困县市 | 接壤省区市 |
|---|---|---|
| 铜仁市 | 江口县 | |
| | 石阡县 | |
| | 思南县 | |
| | 印江县 | |
| | 德江县 | |
| | 沿河县 | 重庆市 |
| | 松桃县 | 湖南省 |
| 黔西南布依族苗族自治州 | 兴仁县 | |
| | 普安县 | |
| | 晴隆县 | |
| | 贞丰县 | |
| | 望谟县 | 广西壮族自治区 |
| | 册亨县 | 广西壮族自治区 |
| | 安龙县 | 广西壮族自治区 |
| 毕节市 | 大方县 | |
| | 织金县 | |
| | 纳雍县 | |
| | 威宁彝族回族苗族自治县 | 云南省 |
| | 赫章县 | 云南省 |
| 黔东南苗族侗族自治州 | 黄平县 | |
| | 施秉县 | |
| | 三穗县 | |
| | 岑巩县 | |
| | 天柱县 | 湖南省 |
| | 锦屏县 | 湖南省 |
| | 剑河县 | |
| | 台江县 | |
| | 黎平县 | 湖南省、广西壮族自治区 |

续表

| 地区 | 贫困县市 | 接壤省区市 |
|---|---|---|
| 黔东南苗族侗族自治州 | 榕江县 | |
| | 从江县 | 广西壮族自治区 |
| | 雷山县 | |
| | 麻江县 | |
| | 丹寨县 | |
| 黔南布依族苗族自治州 | 荔波县 | 广西壮族自治区 |
| | 独山县 | 广西壮族自治区 |
| | 平塘县 | 广西壮族自治区 |
| | 罗甸县 | 广西壮族自治区 |
| | 长顺县 | |
| | 三都水族自治县 | |

2. 片区

2012 年 6 月 14 日，国家扶贫开发领导小组办公室根据《中国农村扶贫开发纲要（2011—2020 年）》精神，按照"集中连片、突出重点、全国统筹、区划完整"的原则，以 2007—2009 年 3 年的人均县域地区生产总值、人均县域财政一般预算收入、县域农民人均纯收入等与贫困程度高度相关的指标为基本依据，考虑对革命老区、民族地区、边疆地区加大扶持力度的要求，在全国共划分了 11 个集中连片特殊困难地区，加上已明确实施特殊扶持政策的西藏、四省藏区、新疆南疆三地州，共 14 个片区，680 个县，作为新阶段扶贫攻坚的主战场。贵州省的贫困县市包括在如表 9.3 所示的三大片区：滇桂黔石漠化区、乌蒙山片区、武陵山片区。

表 9.3　贵州省连片贫困地区

| 分区 | 地市 | 县市 |
|---|---|---|
| 滇桂黔石漠化区（45） | 黔西南布依族苗族自治州 | 兴义市、兴仁县、普安县、晴隆县、贞丰县、望谟县、册亨县、安龙县 |
| | 安顺市 | 西秀区、平坝县、普定县、镇宁布依族苗族自治县、关岭布依族苗族自治县、紫云苗族布依族自治县 |
| | 黔南布依族苗族自治州 | 荔波县、都匀市、贵定县、瓮安县、独山县、平塘县、罗甸县、长顺县、龙里县、惠水县、三都水族自治县 |
| | 黔东南苗族侗族自治州 | 凯里市、黄平县、施秉县、三穗县、镇远县、岑巩县、天柱县、锦屏县、剑河县、台江县、黎平县、榕江县、从江县、雷山县、麻江县、丹寨县 |
| | 六盘水市 | 钟山区、六枝特区、水城县、盘县 |

| 分区 | 地市 | 县市 |
|---|---|---|
| 乌蒙山片区（16） | 毕节市 | 七星关区、黔西县、大方县、织金县、纳雍县、威宁彝族回族苗族自治县、赫章县 |
| | 遵义市 | 习水县、桐梓县、赤水市、务川仡佬族苗族自治县、正安县、道真仡佬族苗族自治县、湄潭县、凤冈县、余庆县 |
| 武陵山片区（10） | 铜仁市 | 碧江区、江口县、玉屏县、石阡县、思南县、印江县、德江县、沿河县、松桃县、万山区 |

贵州省的贫困县市都分布在东北、西南、东南三部分。贫困地区的聚集分布，使得片区条件可以发挥作用。从中选出一片区域，将其覆盖的贫困县市作为非灾经济发展区。

根据片区条件将待选县市分成三部分，一部分位于贵州省东北部，称为武陵山区待选区；另一部分位于贵州省东南部，称为东南石漠化待选区；第三部分位于贵州省西南部，称为西南石漠化待选区。具体划分如表9.4所示。

**表9.4　待选县市的片区划分**

| 分区 | 地市 | 县市 |
|---|---|---|
| 武陵山区待选区 | 铜仁市 | 玉屏县、印江县、沿河县、松桃县 |
| 东南石漠化待选区 | 黔东南苗族侗族自治州 | 黄平县、施秉县、三穗县、岑巩县、天柱县、锦屏县、剑河县、台江县、黎平县、榕江县、从江县、雷山县、麻江县、丹寨县 |
| | 黔南布依族苗族自治州 | 三都水族自治县、荔波县、独山县 |
| 西南石漠化待选区 | 黔西南布依族苗族自治州 | 兴仁县、普安县、晴隆县、贞丰县、望谟县、册亨县、安龙县 |
| | 安顺市 | 镇宁布依族苗族自治县、关岭布依族苗族自治县、紫云苗族布依族自治县 |
| | 黔南布依族苗族自治州 | 罗甸县、长顺县 |
| | 六盘水市 | 水城县 |

### 3. 非灾经济发展区初选

在初选中，首先考虑与其他省区市接壤的贫困县市以及与其连接的片区县市。同时，由于贵州省民族问题和贫困问题联系密切，重点考虑民族地区。符合条件的贫困县市有31个，它们是：玉屏县、印江县、沿河县、松桃县、黄平县、施秉县、三穗县、岑巩县、天柱县、锦屏县、剑河县、台江县、黎平县、榕江县、从江县、雷山县、麻江县、丹寨县、三都水族自治县、兴仁县、普安县、晴隆县、贞丰县、望谟县、册亨县、安龙县、镇宁布依族苗族自治县、关岭布依族苗族自治县、紫云苗族布依族自治县、罗甸县、长顺县。

　　然后，考虑片区条件，将上述符合条件的贫困县市划分成三个片区。划分后的非灾经济发展区初选结果如表 9.5 所示。

表 9.5　　非灾经济发展区初选结果

| 分区 | 地市 | 县市 |
| --- | --- | --- |
| 武陵山区待选区 | 铜仁市 | 玉屏县、印江县、沿河县、松桃县 |
| 东南石漠化待选区 | 黔东南苗族侗族自治州 | 黄平县、施秉县、三穗县、岑巩县、天柱县、锦屏县、剑河县、台江县、黎平县、榕江县、从江县、雷山县、麻江县、丹寨县 |
| | 黔南布依族苗族自治州 | 三都水族自治县 |
| 西南石漠化待选区 | 黔西南布依族苗族自治州 | 兴仁县、普安县、晴隆县、贞丰县、望谟县、册亨县、安龙县 |
| | 安顺市 | 镇宁布依族苗族自治县、关岭布依族苗族自治县、紫云苗族布依族自治县 |
| | 黔南布依族苗族自治州 | 罗甸县、长顺县 |

# 第二节　　区域梯度分布状况分析

　　梯度分布状况是非灾经济发展区选址的决定性条件。本节根据广义梯度推移理论，考察各贫困地区的自然资源、经济发展、社会发展、文化发展、生态环境五个梯度的分布状况，把它们作为衡量一个地区经济发展状况的指标。

　　首先，为贫困地区的自然资源、经济发展、社会发展、文化发展、生态环境状况各选取一个指标来度量。

　　（1）自然资源状况用人均土地面积来衡量。

　　（2）经济发展状况用人均地区生产总值来衡量。

　　（3）社会发展状况用城镇人口比例来衡量。

　　（4）文化发展状况用普通中学在校学生所占比例来衡量。

　　（5）生态环境状况用森林覆盖率来衡量。

　　根据前面的度量指标，选取了 2015 年初选县市每个指标的相关数据，分别针对每个指标，对初选县市进行排序。由于要选择"短板"较多的若干县市，而认为如果某个县市在某个指标上的排名位于后十位，即可将这一指标对应的梯度作为该县市的"短板"。根据排序结果，找出每个指标排名后十位的县市，结果如表 9.6 所示。

### 表9.6　五个指标排名后十位的县市

| 排名（倒数） | 自然资源梯度分布评价 | 经济发展梯度分布评价 | 社会发展梯度分布评价 | 文化发展梯度分布评价 | 生态环境梯度分布评价 |
|---|---|---|---|---|---|
| 1 | 务川县 | 紫云苗族布依族自治县 | 麻江县 | 镇宁布依族苗族自治县 | 台江县 |
| 2 | 从江县 | 关岭布依族苗族自治县 | 雷山县 | 从江县 | 雷山县 |
| 3 | 黄平县 | 望谟县 | 独山县 | 册亨县 | 丹寨县 |
| 4 | 榕江县 | 镇宁布依族苗族自治县 | 镇宁布依族苗族自治县 | 关岭布依族苗族自治县 | 锦屏县 |
| 5 | 黎平县 | 沿河县 | 施秉县 | 紫云苗族布依族自治县 | 三穗县 |
| 6 | 三都水族自治县 | 松桃县 | 罗甸县 | 贞丰县 | 施秉县 |
| 7 | 沿河县 | 印江县 | 岑巩县 | 兴仁县 | 麻江县 |
| 8 | 紫云苗族布依族自治县 | 册亨县 | 贞丰县 | 普安县 | 岑巩县 |
| 9 | 望谟县 | 晴隆县 | 普安县 | 沿河县 | 剑河县 |
| 10 | 册亨县 | 长顺县 | 长顺县 | 剑河县 | 长顺县 |

　　要找的是"短板"较多的地区，因此，对每个初选县市，一旦在某个梯度下的排名位于后十位，给这个县市记为1，否则记为0，累加后的值即各县市的"短板"数，具体结果见表9.7。

### 表9.7　初选县市的"短板"数

| 初选县市 | 自然资源梯度分布评价 | 经济发展梯度分布评价 | 社会发展梯度分布评价 | 文化发展梯度分布评价 | 生态环境梯度分布评价 | "短板"数 |
|---|---|---|---|---|---|---|
| 务川县 | 1 | | | | | 1 |
| 从江县 | 1 | | | 1 | | 2 |
| 黄平县 | 1 | | | | | 1 |
| 榕江县 | 1 | | | | | 1 |
| 黎平县 | 1 | | | | | 1 |
| 三都水族自治县 | 1 | | | | | 1 |
| 沿河县 | 1 | 1 | | 1 | | 3 |
| 紫云苗族布依族自治县 | 1 | 1 | | 1 | | 3 |
| 望谟县 | 1 | 1 | | | | 2 |
| 册亨县 | 1 | 1 | | 1 | | 3 |
| 关岭布依族苗族自治县 | | 1 | | 1 | 1 | 2 |

| 初选县市 | 自然资源梯度分布评价 | 经济发展梯度分布评价 | 社会发展梯度分布评价 | 文化发展梯度分布评价 | 生态环境梯度分布评价 | "短板"数 |
|---|---|---|---|---|---|---|
| 镇宁布依族苗族自治县 | 1 | 1 | 1 | | | 3 |
| 松桃县 | 1 | | | | | 1 |
| 印江县 | 1 | | | | | 1 |
| 晴隆县 | 1 | | | | | 1 |
| 长顺县 | 1 | | 1 | | 1 | 3 |
| 麻江县 | | | 1 | | 1 | 2 |
| 雷山县 | | | 1 | | 1 | 2 |
| 独山县 | | | 1 | | | 1 |
| 施秉县 | | | 1 | | 1 | 2 |
| 罗甸县 | | | 1 | | | 1 |
| 岑巩县 | | | 1 | | 1 | 2 |
| 贞丰县 | | 1 | 1 | | | 2 |
| 普安县 | | 1 | 1 | | | 2 |
| 兴仁县 | | | 1 | | | 1 |
| 剑河县 | | | 1 | | 1 | 2 |
| 台江县 | | | | | 1 | 1 |
| 丹寨县 | | | | | 1 | 1 |
| 锦屏县 | | | | | 1 | 1 |
| 三穗县 | | | | | 1 | 1 |

根据表 9.7,选择"短板"数较多(2 或 3)的地区作为待选非灾经济发展区,再结合上述需要考虑的因素,经过这一轮筛选之后,符合条件的贫困县市有 5 个,它们是:镇宁布依族苗族自治县、紫云苗族布依族自治县、望谟县、册亨县、长顺县,将其作为最终所选的非灾经济发展区。

## 第三节　非灾重建对贵州省非灾经济发展区影响的实证分析

若借鉴四川省灾后重建政策的经验,对非地震灾区(选定的贵州省贫困县市)进行虚拟的灾后重建政策"推倒重来"式的建设,将极大地促进当地经济社会的发展。利用建立的面板回归模型得出贵州省选定的 5 个贫困县市若经虚拟灾后重建,2015 年地区生产总值可比实际值增长 32.21 亿元,增长率也可提高 12.59 个百分点。同时,虚拟灾后重建将促进选定贫困县市及贵州省在人均地区生产总值、政府收入、产业结构、居民收入、消费总量和固定投资与基础设施等方面显著提高。抗震救灾政策及灾后重建效果对经济增长的影响，为后续灾区重建工作提供指导，也为其他地区实施虚拟灾后重建的政策提供了极其重要的借鉴价值。

## （一）虚拟灾后重建对当地经济增长影响的测度

### 1. 假设

四川省极重灾区及较重灾区县市的灾后重建工作带来的经济效应具有极其重要的借鉴价值。为测度对贵州省 5 个贫困县市进行虚拟灾后"推倒重来"式的重建对当地经济增长的影响，提出以下假设。

（1）对贵州省贫困县市的重建政策相当于四川省灾区县市的灾后重建政策，力度、方式等情况也类似。

（2）选定的贵州省 5 个贫困县市虚拟灾后重建对经济增长的影响与四川省灾后重建的影响一致，即上述回归方程系数可同等重要程度去衡量贵州省 5 个县市虚拟灾后重建对经济增长的影响。

（3）虚拟灾后重建暂且不考虑人道主义精神，只考虑经济效应。

### 2. 选定地区数据

非灾经济发展区最终选定为：镇宁布依族苗族自治县、紫云苗族布依族自治县、望谟县、册亨县、长顺县 5 个县市。从 2016 年《贵州统计年鉴》收集上述选定的县市 2015 年的地区生产总值和人口、固定资产投资额数据，如表 9.8 所示。

表 9.8　选定县市的地区生产总值、人口、固定资产投资额数据

| 县市 | 地区生产总值/万元 | 人口/万人 | 固定资产投资额/万元 |
|---|---|---|---|
| 镇宁布依族苗族自治县 | 749 100 | 28.49 | 792 186 |
| 紫云苗族布依族自治县 | 515 400 | 27.11 | 516 407 |
| 望谟县 | 465 500 | 24.48 | 520 411 |
| 册亨县 | 368 100 | 19.16 | 398 936 |
| 长顺县 | 460 100 | 18.66 | 696 777 |

对选定的 5 个县市进行虚拟灾后重建，对于"反事实"分析问题，灾后重建的发展模式并没有发生，现在只能借鉴四川省灾后重建的经济效果的影响对这 5 个县市进行分析和测度。假设对选定的县市进行灾后"推倒重来"式的重建，则

对比灾前 $A=0$ 和灾后 $A=1$ 两种情况下，即若当年经过虚拟"推倒重来"式的重建，地区生产总值变化的情况。根据式（5.3）估计的地区生产总值，测度虚拟灾后重建政策对经济增长的影响及效果。

　　3. 虚拟灾后重建的经济效应分析

　　根据上述拟合的固定效应模型估计，可得出虚拟灾后重建后的 5 个县市地区生产总值估计值，如表 9.9 所示。

表 9.9　灾后重建后的 5 个县市地区生产总值估计值

| 县市 | 地区生产总值/万元 | 人口/万人 | 固定资产投资额/万元 | $A=0$ 时地区生产总值估计值/万元 | $A=1$ 时地区生产总值估计值/万元 | 修正的地区生产总值估计值/万元 | 地区生产总值增加估计值/万元 |
| --- | --- | --- | --- | --- | --- | --- | --- |
| 镇宁布依族苗族自治县 | 749 100 | 28.49 | 792 186 | 468 667.61 | 527 671.43 | 843 409.40 | 94 309.40 |
| 紫云苗族布依族自治县 | 515 400 | 27.11 | 516 407 | 377 009.17 | 424 473.47 | 580 287.28 | 64 887.28 |
| 望谟县 | 465 500 | 24.48 | 520 411 | 338 586.64 | 381 213.66 | 524 105.03 | 58 605.03 |
| 册亨县 | 368 100 | 19.16 | 398 936 | 234 572.95 | 264 104.96 | 414 442.66 | 46 342.66 |
| 长顺县 | 460 100 | 18.66 | 696 777 | 282 232.87 | 317 765.12 | 518 025.18 | 57 925.18 |

　　表 9.9 中把虚拟灾后重建选定的 5 个县市初始的人口、固定资产投资额以及取虚拟变量为 0 时，代入式（5.3）后，得到镇宁布依族苗族自治县、紫云苗族布依族自治县、望谟县、册亨县、长顺县 5 个县市的地区生产总值估计值分别为 468 667.61 万元、377 009.17 万元、338 586.64 万元、234 572.95 万元、282 232.87 万元。当虚拟变量取值为 1 时，即若经过虚拟灾后重建后 2015 年的地区生产总值估计值，代入人口、固定资产投资额到式（5.3）时，计算得到镇宁布依族苗族自治县、紫云苗族布依族自治县、望谟县、册亨县、长顺县的地区生产总值估计值分别为 527 671.43 万元、424 473.47 万元、381 213.66 万元、264 104.96 万元、317 765.12 万元。

　　对上述数据进行调整，原理是基于虚拟变量为 0 时的拟合值与真实值之比等于虚拟变量为 1 时的拟合值调整后的估计值之比。以镇宁布依族苗族自治县为例，镇宁布依族苗族自治县 2015 年地区生产总值真实值为 749 100 万元，而利用模型对 2015 年的地区生产总值估计值为 468 667.61 万元，灾后重建后的 2015 年模型估计值为 527 671.43 万元。基于模型的偏差是不变的来对这一结果进行调整，得到 $A=1$ 时 2015 年的修正的地区生产总值估计值为（749 100/468 667.61）× 527 671.43 = 843 409.40 万元。同理可以计算出其他 4 个县市的修正的地区生产总值估计值。若 2015 年是经过虚拟"推倒重来"式重建的,那么镇宁布依族苗族自治县、紫云苗族布依族自治县、望谟县、册亨县、长顺县的修正的地区生产总值估计值分别为 843 409.40 万元、580 287.28 万元、524 105.03 万元、414 442.66 万元、518 025.18 万元。与 2015 年地区生产总值真实值相比,分别增加了 94 309.40 万元、64 887.28 万元、58 605.03 万元、46 342.66 万元、57 925.18 万元,增幅较为明显。因此,5 个县市若在 2015 年经过虚拟"推倒重来"式重建,地区生产总值总增加额为 32.21 亿元,增长率可提高 12.59 个百分点,当地经济状况明显得到改善。

根据测度虚拟灾后重建对当地经济增长的影响的假设及模型的基本假定,可以看到科布-道格拉斯生产函数形式,资本和劳动力的边际报酬率是递减的,也就是说,单位资本在非贫困县市及发展较好的县市发展程度较高,5 个选定的贫困县市发展程度较低,拥有较多资本的城市生产与拥有较少资本的城市生产的产出是有差异的,在发展程度较低的贫困县市,生产能够带来更多的产出,那么经过虚拟灾后重建后,基础设施的建设及产业的优化,会有一部分劳动密集型、资本密集型企业往"重建后"的贫困县市转移,统筹了城乡的发展和发展较好地区与落后贫困地区的发展,优化了资本、产业及经济效益的地区分布格局,也让资本回报率增加,从而使"重建后"的新的贫困县市地区生产总值在政策影响的基础上更上一层楼,这也验证了虚拟灾后重建后当地会发生的变化及取得的有效成果。

综上所述,采用面板数据回归模型对灾后重建政策的实施效果进行检验的结果显示,灾后重建对灾区经济增长的促进取得显著的成效。

## (二)小结

若借鉴四川省灾后重建政策的经验,对非地震灾区(选定的贵州省贫困县市)进行虚拟的灾后重建政策"推倒重来"式的建设,也将极大地促进当地经济社会的发展。最后,利用建立的面板回归模型得出选定的 5 个县市若经虚拟灾后重建,2015 年地区生产总值可比实际值增长 32.21 亿元,增长率也可提高12.59 个百分点。

# 第十章　广西壮族自治区非灾地区选址及实证分析

本章为广西壮族自治区实现脱贫提供解决方案，即非灾经济发展模式。据广西壮族自治区人民政府扶贫开发办公室的资料显示，广西壮族自治区有国家扶贫开发工作重点县市 28 个，自治区扶贫开发工作重点县市 21 个，分别占全区 109 个县市的 25.7%和 19.3%，此外，还有 1 个享受国家扶贫开发工作重点县待遇的合山市。广西壮族自治区贫困人口主要集中在自然条件差、基础设施薄弱、社会事业发展程度低的大石山区、边远山区、干旱缺水地区、资源匮乏地区和水库移民地区，自我发展能力弱，脱贫成本高、难度大，已脱贫的民众也极易因灾、因病或因市场风险等因素返贫。广西壮族自治区目前的贫困状况呈现五大特征。

第一，贫困面广且程度深。28 个贫困县市相对集中分布在桂西北、西南岩溶石山贫困片区、边境地区贫困片区、桂中石山旱片区、九万大山贫困片区、大瑶山贫困片区。根据国家新的扶贫标准，需要扶持的贫困群体数量依然庞大，区域性贫困问题依然突出。部分贫困农户自我发展能力不强，贫困落后的状况长期得不到改善，贫困家庭成员之间因为贫困相互影响，出现"穷的仍穷"，且由于贫困而不断地再产生贫困，由此产生的所谓"穷二代"现象日益严重，贫困代际传递的危险倾向凸显，引起全社会的广泛关注。

第二，贫困乡村公共服务能力低。贫困家庭学生上学问题还没有完全得到保障，义务教育寄宿制学校规范化管理面临许多困难，农村中小学生的营养不良问题依然相当突出，乡村学校教学点撤并引发新一轮上学难问题还没有得到很好解决。贫困乡村基本医疗服务体系和基本公共卫生服务体系还不完善，乡村卫生设施简陋、医疗卫生专业技术人才缺乏等现象十分普遍，看病难、看病贵、因病致贫、因病返贫现象仍很突出。农村最低生活保障的标准低、覆盖面小，特困群体的最低生活保障只是出于"零敲碎打"的小规模状态，相当一部分贫困农民得不到救济和补助。

第三，扶贫产业支撑力不强。全区大部分贫困村分布分散，可开发利用的土地资源匮乏，集中连片开发难、产业项目集中难。当前全区尚未形成上规模、有实力、能够给贫困群众带来持续稳定收入的主导强优产业。由于负责发放扶贫贷款的金融部门按商业性质贷款的要求对到户贷款进行规范化管理，大多数贫困农户很难从金融部门获得贷款进行农业生产开发。当前实施的小额信贷和村级互助金等金融扶贫方式，因发放规模小、资金不足、回收周期短，很难发挥支撑产业发展的作用，导致扶贫地区主导产业难以壮大，产业链难以延伸，产业扶贫工作只能停留在低水平循环、低效益运作阶段，贫困农户缺乏持续增产增收的经济来源。

第四，贫困农民素质普遍偏低。广西壮族自治区贫困人口中大部分农民受教育的程度低，接受新理念、新知识、新技能的能力不强，缺乏科学文化知识和农村实用技术，人的全面发展相对落后，无论是在家从事农业生产还是外出务工都难以适应现代社会的发展要求。加之现行的扶贫培训机制还未健全，工作滞后，农村实用技术和劳动力就业转移培训工作成效不够明显，数量庞大的贫困群体没有经过任何的实用技术培训就直接进入社会从事各种简单、原始和重复的体力劳动，很难有新的作为和新的发展。

第五，生态增效和农民增收矛盾加剧。全区居住在大石山区的贫困人口较多，土地利用方式不合理、产业结构单一和人口增长过快所致的人与环境、投入与产出严重失衡，加剧了生存环境恶化趋势，加大了发展成本，制约进一步自我积累和发展能力的形成。受地域限制，这部分贫困农民难以享受多个国家富民惠民政策，如粮食直补、退耕还林、汽车/摩托车和农机购置补贴、家电下乡补贴等，加上农村低保、医保和养老保险的不完善，贫困农户的基本生存权益难以保障，传统致贫成因没有根本改变，消除贫困的难度更大。

由此可见，面对如此不利的贫困状况，广西壮族自治区的脱贫任务的艰巨可想而知，如何实现“十三五”规划要求的“到2020年，中国现行标准下农村贫困人口实现脱贫，贫困县全部摘帽，解决区域性整体贫困”，已经成为广西壮族自治区关注的焦点。

对于非灾经济发展区的选择必须具备一定的条件，选择要站在广西壮族自治区精准扶贫、全面脱贫的高度，既要结合贫困地区自身条件，又要着眼于如何使各地区实现经济效益显著提高。根据选址理论分析以及以上事实，本章从广西壮族自治区的 28 个国家级贫困县市[①]中选取非灾经济发展区。

根据构建非灾经济发展区的主要目的——改善经济发展状况、实现脱贫，非灾经济发展区从广西壮族自治区的 28 个国家级贫困县市中选取，且这 28 个国家级贫困县市都包含在精准扶贫地区名录中。最终待选区域见表 10.1。

**表 10.1　非灾经济发展区待选区域**

| 地区 | 贫困县市 |
| --- | --- |
| 南宁市（3） | 马山县、隆安县、上林县 |
| 河池市（7） | 环江毛南族自治县、罗城仫佬族自治县、凤山县、东兰县、巴马瑶族自治县、都安瑶族自治县、大化瑶族自治县 |

---

① 本章涉及县、自治县等县级行政单位，为全书统一，简称县市

| 地区 | 贫困县市 |
|------|----------|
| 百色市（9） | 田东县、德保县、靖西县、那坡县、凌云县、乐业县、田林县、隆林各族自治县、西林县 |
| 崇左市（2） | 天等县、龙州县 |
| 柳州市（2） | 三江侗族自治县、融水苗族自治县 |
| 来宾市（2） | 金秀瑶族自治县、忻城县 |
| 桂林市（1） | 龙胜各族自治县 |
| 贺州市（2） | 昭平县、富川瑶族自治县 |

# 第一节　地理位置条件分析

## 1. 与其他省区市接壤

地理位置条件首选与其他省区市接壤，因为如果先发展与其他省区市接壤的县市，可以起到桥头堡的作用，利于广西壮族自治区与外省（自治区、直辖市）的互动发展，还可以吸引外省（自治区、直辖市）的投资，借助外省（自治区、直辖市）的经济发展力量来推动非灾经济发展区的经济发展。各待选县市与其他省区市接壤的具体情况如表10.2所示。

表 10.2　待选县市与其他省区市的接壤情况

| 地区 | 贫困县市 | 接壤省区市 |
|------|----------|------------|
| 南宁市 | 马山县 | |
| | 隆安县 | |
| | 上林县 | |
| 河池市 | 环江毛南族自治县 | 贵州省 |
| | 罗城仫佬族自治县 | |
| | 凤山县 | |
| | 东兰县 | |
| | 巴马瑶族自治县 | |
| | 都安瑶族自治县 | |
| | 大化瑶族自治县 | |

续表

| 地区 | 贫困县市 | 接壤省区市 |
|---|---|---|
| 百色市 | 田东县 | |
| | 德保县 | |
| | 靖西县 | |
| | 那坡县 | 云南省 |
| | 凌云县 | |
| | 乐业县 | 贵州省 |
| | 田林县 | 云南省 |
| | 隆林各族自治县 | |
| | 西林县 | 云南省、贵州省 |
| 崇左市 | 天等县 | |
| | 龙州县 | |
| 柳州市 | 三江侗族自治县 | 湖南省、贵州省 |
| | 融水苗族自治县 | 贵州省 |
| 来宾市 | 金秀瑶族自治县 | |
| | 忻城县 | |
| 桂林市 | 龙胜各族自治县 | 湖南省 |
| 贺州市 | 昭平县 | |
| | 富川瑶族自治县 | 湖南省 |

2. 片区

2012 年 6 月 14 日，国家扶贫开发领导小组办公室根据《中国农村扶贫开发纲要（2011—2020 年）》精神，按照"集中连片、突出重点、全国统筹、区划完整"的原则，以 2007—2009 年 3 年的人均县域地区生产总值、人均县域财政一般预算收入、县域农民人均纯收入等与贫困程度高度相关的指标为基本依据，考虑对革命老区、民族地区、边疆地区加大扶持力度的要求，在全国共划分了 11 个集中连片特殊困难地区，加上已明确实施特殊扶持政策的西藏、四省藏区、新疆南疆三地州，共 14 个片区，680 个县，作为新阶段扶贫攻坚的主战场。这 14 个扶贫主战场中，广西壮族自治区的贫困县市全部属于如表 10.3 所示的滇桂黔石漠化区。

表 10.3　广西壮族自治区连片贫困地区

| 分区 | 地市 | 县市 |
| --- | --- | --- |
| 滇桂黔石漠化区（29） | 柳州市 | 融安县、融水苗族自治县、三江侗族自治县 |
| | 桂林市 | 龙胜各族自治县、资源县 |
| | 南宁市 | 隆安县、马山县、上林县 |
| | 百色市 | 田阳县、德保县、靖西县、那坡县、凌云县、乐业县、田林县、西林县、隆林各族自治县 |
| | 河池市 | 凤山县、东兰县、罗城仫佬族自治县、环江毛南族自治县、巴马瑶族自治县、都安瑶族自治县、大化瑶族自治县 |
| | 来宾市 | 忻城县 |
| | 崇左市 | 宁明县、龙州县、大新县、天等县 |

片区条件表明待选县市全都属于滇桂黔石漠化区，整体处于广西壮族自治区的西北部分。

3. 非灾经济发展区初选

在初选中，首先考虑与其他省份接壤的贫困县市。由表 10.2 可知，符合这一条件的贫困县市有 9 个，它们是：环江毛南族自治县、那坡县、乐业县、田林县、西林县、三江侗族自治县、融水苗族自治县、龙胜各族自治县、隆林各族自治县。

充分考虑片区条件，发现以上 9 个贫困县市大多集中在滇桂黔石漠化区，因此选取滇桂黔石漠化区中与其他省份接壤的贫困县市为初选非灾经济发展区，结果如表 10.4 所示。

表 10.4　非灾经济发展区初选结果

| 分区 | 地市 | 县市 |
| --- | --- | --- |
| 滇桂黔石漠化区（9） | 柳州市 | 融水苗族自治县、三江侗族自治县 |
| | 桂林市 | 龙胜各族自治县 |
| | 百色市 | 那坡县、乐业县、田林县、西林县、隆林各族自治县 |
| | 河池市 | 环江毛南族自治县 |

## 第二节　区域梯度分布状况分析

梯度分布状况是非灾经济发展区选址的决定性条件。本节根据广义梯度推移理论，考察各贫困地区的自然资源、经济发展、社会发展、文化发展、生态环境五个梯度的分布状况，把它们作为衡量一个地区经济发展状况的指标。

首先，为贫困地区的自然资源、经济发展、社会发展、文化发展、生态环境状况各选取一个指标来度量。

（1）自然资源状况用人均土地面积来衡量。

（2）经济发展状况用人均地区生产总值来衡量。

（3）社会发展状况用城镇人口比例来衡量。

（4）文化发展状况用普通中学在校学生所占比例来衡量。

（5）生态环境状况用林业产值占地区生产总值的比例来衡量。

根据前面的度量指标，选取了2013年初选县市每个指标的相关数据（附录7），并分别针对每个指标，对初选县市进行排序（附录8）。由于要选择"短板"较多的若干县市，而认为如果某个县市在某个指标上的排名位于后四位（排名位于总体的后半部分），即可将这一指标对应的梯度作为该县市的"短板"。根据排序结果，找出每个指标排名后四位的县市，结果见表10.5。

**表10.5　五个指标排名后四位的县市**

| 排名（倒数） | 自然资源梯度<br>分布评价 | 经济发展梯度<br>分布评价 | 社会发展梯度<br>分布评价 | 文化发展梯度<br>分布评价 | 生态环境梯度<br>分布评价 |
|---|---|---|---|---|---|
| 1 | 三江侗族自治县 | 那坡县 | 隆林各族自治县 | 龙胜各族自治县 | 隆林各族自治县 |
| 2 | 隆林各族自治县 | 乐业县 | 西林县 | 三江侗族自治县 | 龙胜各族自治县 |
| 3 | 融水苗族自治县 | 三江侗族自治县 | 三江侗族自治县 | 那坡县 | 融水苗族自治县 |
| 4 | 那坡县 | 西林县 | 田林县 | 融水苗族自治县 | 三江侗族自治县 |

要找的是"短板"较多的地区，因此，对每个初选县市，一旦在某个梯度下的排名位于后四位，给这个县市记为1，否则记为0，累加后的值即各县市的"短板"数，具体结果见表10.6。

**表10.6　初选县市的"短板"数**

| 初选县市 | 自然资源梯度<br>分布评价 | 经济发展梯度<br>分布评价 | 社会发展梯度<br>分布评价 | 文化发展梯度<br>分布评价 | 生态环境梯度<br>分布评价 | "短板"数 |
|---|---|---|---|---|---|---|
| 融水苗族<br>自治县 | 1 | | | 1 | 1 | 3 |
| 三江侗族<br>自治县 | 1 | 1 | 1 | 1 | 1 | 5 |
| 龙胜各族<br>自治县 | | | | 1 | 1 | 2 |

续表

| 初选县市 | 自然资源梯度分布评价 | 经济发展梯度分布评价 | 社会发展梯度分布评价 | 文化发展梯度分布评价 | 生态环境梯度分布评价 | "短板"数 |
|---|---|---|---|---|---|---|
| 那坡县 | 1 | 1 | | 1 | | 3 |
| 乐业县 | | 1 | | | | 1 |
| 田林县 | | | 1 | | | 1 |
| 西林县 | | 1 | 1 | | | 2 |
| 隆林各族自治县 | 1 | | 1 | | 1 | 3 |
| 环江毛南族自治县 | | | | | | 0 |

根据表 10.6，选择"短板"数较多的（大于或等于 2）地区作为待选非灾经济发展区。这一轮经过筛选之后，符合条件的贫困县市有 6 个，它们是：三江侗族自治县、融水苗族自治县、隆林各族自治县、那坡县、龙胜各族自治县、西林县。

再将这一筛选结果与非灾经济发展区初步选址中的片区划分结合起来发现，在上述 6 个县市中，三江侗族自治县、融水苗族自治县、龙胜各族自治县在地理上构成与湖南省和贵州省接壤的连片地区，而隆林各族自治县、那坡县、西林县与它们相距较远且分布较为分散。因此，再次筛选时将隆林各族自治县、那坡县、西林县删去。那么非灾经济发展区的再次选址结果为：三江侗族自治县、融水苗族自治县、龙胜各族自治县。

## 第三节 支持革命老区的建设和发展及最终选址结果

广西壮族自治区革命老区包括第二次国内革命战争时期左右江革命根据地、抗日战争根据地和游击根据地，涉及 84 个县市 733 个乡镇。具体的革命老区县市名单如表 10.7 所示。

表 10.7 广西壮族自治区革命老区县市名单

| 地区 | 革命老区县市 |
|---|---|
| 南宁市（11） | 兴宁区、江南区、西乡塘区、良庆区、邕宁区、武鸣县、横县、宾阳县、上林县、隆安县、马山县 |
| 柳州市（5） | 柳江县、柳城县、鹿寨县、融安县、融水苗族自治县 |
| 桂林市（11） | 阳朔县、临桂县、灵川县、全州县、兴安县、灌阳县、龙胜各族自治县、资源县、平乐县、荔浦县、恭城瑶族自治县 |

| 地区 | 革命老区县市 |
| --- | --- |
| 梧州市（5） | 蝶山区、长洲区、苍梧县、蒙山县、岑溪市 |
| 钦州市（4） | 钦南区、钦北区、灵山县、浦北县 |
| 防城港市（3） | 港口区、防城区、上思县 |
| 贵港市（5） | 港北区、港南区、覃塘区、平南县、桂平市 |
| 玉林市（4） | 陆川县、博白县、兴业县、北流市 |
| 百色市（12） | 右江区、田阳县、田东县、平果县、德保县、靖西县、那坡县、凌云县、乐业县、田林县、隆林各族自治县、西林县 |
| 贺州市（4） | 八步区、昭平县、钟山县、富川瑶族自治县 |
| 河池市（10） | 金城江区、罗城仫佬族自治县、南丹县、天峨县、凤山县、东兰县、巴马瑶族自治县、都安瑶族自治县、大化瑶族自治县、宜州市 |
| 来宾市（3） | 象州县、武宣县、金秀瑶族自治县 |
| 崇左市（7） | 江州区、扶绥县、大新县、天等县、宁明县、龙州县、凭祥市 |

上一阶段筛选结果中融水苗族自治县、龙胜各族自治县为广西壮族自治区革命老区县市。考虑到三江侗族自治县是连接融水苗族自治县和龙胜各族自治县的纽带并共同构成连片发展区域，也应一同纳入非灾经济发展区。

经过理论分析、地理位置条件分析、区域梯度分布状况分析、对革命老区的建设和发展的支持分析后，非灾经济发展区最终选定为：三江侗族自治县、融水苗族自治县、龙胜各族自治县3个县。

## 第四节　非灾重建对广西壮族自治区非灾经济发展区影响的实证分析

若借鉴四川省灾后重建政策的经验，对非地震灾区（选定的广西壮族自治区贫困县市）进行虚拟的灾后重建政策"推倒重来"式的建设，将极大地促进当地经济社会的发展。利用建立的面板回归模型得出广西壮族自治区选定的3个贫困县市若经虚拟灾后重建，2013年地区生产总值可比实际值增长18.09亿元，增长率也可提高12.59个百分点。同时，虚拟灾后重建将促进选定贫困县市及广西壮族自治区在人均地区生产总值、政府收入、产业结构、居民收入、消费总量和固定投资与基础设施等方面显著提高。抗震救灾政策及灾后重建效果对经济增长的影响，为后续灾区重建工作提供指导，也为其他地区实施虚拟灾后重建的政策提供了极其重要的借鉴价值。

## （一）虚拟灾后重建对当地经济增长影响的测度

### 1. 假设

四川省极重灾区及较重灾区县市的灾后重建工作带来的经济效应具有极其重要的借鉴价值。为测度对广西壮族自治区 3 个贫困县市进行虚拟灾后"推倒重来"式的重建对当地经济增长的影响，提出以下假设。

（1）对广西壮族自治区贫困县市的重建政策相当于四川省灾区县市的灾后重建政策，力度、方式等情况也类似。

（2）选定的广西壮族自治区 3 个贫困县市虚拟灾后重建对经济增长的影响与四川省灾后重建的影响一致，即上述回归方程系数可同等重要程度去衡量广西壮族自治区 3 个县市虚拟灾后重建对经济增长的影响。

（3）虚拟灾后重建暂且不考虑人道主义精神，只考虑经济效应。

### 2. 选定地区数据

非灾经济发展区最终选定为：三江侗族自治县、融水苗族自治县、龙胜各族自治县 3 个县市。从 2014 年《广西统计年鉴》收集上述选定的县市 2013 年的地区生产总值和人口、固定资产投资额数据，如表 10.8 所示。

表 10.8　选定县市的地区生产总值、人口、固定资产投资额数据

| 县市 | 地区生产总值/万元 | 人口/万人 | 固定资产投资额/万元 |
| --- | --- | --- | --- |
| 三江侗族自治县 | 348 194 | 30.3 | 546 040 |
| 融水苗族自治县 | 617 876 | 40.86 | 616 282 |
| 龙胜各族自治县 | 470 546 | 15.73 | 293 284 |

对选定的 3 个县市进行虚拟灾后重建，对于"反事实"分析问题，灾后重建的发展模式并没有发生，现在只能借鉴四川省灾后重建的经济效果的影响对这 3 个县市进行分析和测度。假设对选定的县市进行灾后"推倒重来"式的重建，则对比灾前 $A=0$ 和灾后 $A=1$ 两种情况下，即若当年经过虚拟"推倒重来"式的重建，地区生产总值变化的情况。根据式（5.3）估计的地区生产总值，测度虚拟灾后重建政策对经济增长的影响及效果。

### 3. 虚拟灾后重建的经济效应分析

根据上述拟合的固定效应模型估计，可得出虚拟灾后重建后的 3 个县市地区生产总值估计值，如表 10.9 所示。

表 10.9　灾后重建后的 3 个县市地区生产总值估计值

| 县市 | 地区生产总值/万元 | 人口/万人 | 固定资产投资额/万元 | $A=0$ 时地区生产总值估计值/万元 | $A=1$ 时地区生产总值估计值/万元 | 修正的地区生产总值估计值/万元 | 地区生产总值增加估计值/万元 |
|---|---|---|---|---|---|---|---|
| 三江侗族自治县 | 348 194 | 30.3 | 546 040 | 434 433.82 | 489 127.71 | 392 030.56 | 43 836.56 |
| 融水苗族自治县 | 617 876 | 40.86 | 616 282 | 628 925.15 | 708 104.90 | 695 664.70 | 77 788.70 |
| 龙胜各族自治县 | 470 546 | 15.73 | 293 284 | 168 416.14 | 189 619.22 | 529 786.30 | 59 240.30 |

表 10.9 中把虚拟灾后重建选定的 3 个县市初始的人口、固定资产投资额以及取虚拟变量为 0 时，代入式（5.3）后，得到三江侗族自治县、融水苗族自治县、龙胜各族自治县的地区生产总值估计值分别为 434 433.82 万元、628 925.15 万元、168 416.14 万元。当虚拟变量取值为 1 时，即若经过虚拟灾后重建后 2013 年的地区生产总值估计值，代入人口、固定资产投资额到式（5.3）时，计算得到三江侗族自治县、融水苗族自治县、龙胜各族自治县的地区生产总值估计值分别为 489 127.71 万元、708 104.90 万元、189 619.22 万元。

对上述数据进行调整，原理是基于虚拟变量为 0 时的拟合值与真实值之比等于虚拟变量为 1 时的拟合值与调整后的估计值之比。以三江侗族自治县为例，三江侗族自治县 2013 年地区生产总值真实值为 348 194 万元，而利用模型对 2013 年地区生产总值估计值为 434 433.82 万元，灾后重建后的 2013 年模型估计值为 489 127.71 万元。基于模型的偏差是不变的来对这一结果进行调整，得到 $A=1$ 时 2013 年的修正的地区生产总值估计值为（348 194/434 433.82）×489 127.71 = 392 030.56 万元。同理可以计算出其他 2 个县市的修正的地区生产总值估计值。若 2013 年是经过虚拟"推倒重来"式重建的，那么三江侗族自治县、融水苗族自治县、龙胜各族自治县的修正的地区生产总值估计值分别为 392 030.56 万元、695 664.70 万元、529 786.30 万元。与 2013 年地区生产总值真实值相比，分别增加了 43 836.56 万元、77 788.70 万元、59 240.30 万元，增幅较为明显。因此，3 个县市若在 2008 年经过虚拟"推倒重来"式重建，各个县市地区生产总值增长率可提高 12.59 个百分点，地区生产总值总增加额为 18.09 亿元，增长率也提高 12.59 个百分点，当地经济状况明显得到改善。

根据测度虚拟灾后重建对当地经济增长的影响的假设及模型的基本假定，可以看到科布-道格拉斯生产函数形式，资本和劳动力的边际报酬率是递减的，也就是说，单位资本在非贫困县市及发展较好的县市发展程度较高，3 个选定的贫困县市发展程度较低，拥有较多资本的城市生产与拥有较少资本的城市生产的产出是有差异的，在发展程度较低的贫困县市，生产能够带来更多的产出，那么经过虚拟灾后重建后，基础设施的建设及产业的优化，会有一部分劳动密集型、资本密集型企业往"重建后"的贫困县市转移，统筹了城乡的发展和发展较好地区与落后贫困地区的发展，优化了资本、产业及经济效率的地区分布格局，也让资本回报率增加，从而使"重建后"的新的贫困县市地区生产总值在政策影响的基础上更上一层楼，这也验证了虚拟灾后重建后当地会发生的变化及取得的有效成果。

综上所述，采用面板数据回归模型对灾后重建政策的实施效果进行检验的结果显示，灾后重建对灾区经济增长的促进取得显著的成效。

## （二）小结

若借鉴四川省灾后重建政策的经验，对非地震灾区（选定的广西壮族自治区贫困县市）进行虚拟的灾后重建政策"推倒重来"式的建设，也将极大地促进当地经济社会的发展。最后，利用建立的面板回归模型得出选定的 3 个县市若经虚拟灾后重建，2013 年地区生产总值可比实际值增长 18.09 亿元，增长率也可提高12.59 个百分点。

# 第十一章　宁夏回族自治区非灾地区选址及实证分析

本章为宁夏回族自治区实现脱贫提供解决方案，即非灾经济发展模式。宁夏回族自治区人民政府扶贫开发办公室的资料显示，宁夏回族自治区目前的贫困状况有如下困难与问题。

宁夏回族自治区中南部地区是集革命老区、民族地区、贫困地区于一体的特殊困难地区。从全国看，宁夏回族自治区贫困区域占比是全国最高的，集中连片贫困区域面积占 54%，贫困人口分布在全区 5 个地级市和 91% 的县市。宁夏回族自治区小康社会实现程度低，较全国平均水平低 10 个百分点，中南部地区经济发展指数大多低于 50%，全面建成小康社会任务艰巨而繁重。

从全国集中连片特困地区看，宁夏回族自治区贫困地区生产总值、地方财政收入等主要指标依然落后，农民人均可支配收入增幅位于 14 个片区后列，较六盘山片区低 1.7 个百分点，较 14 个片区低 1.6 个百分点，贫困发生率高，贫困程度深，扶贫成本高，脱贫难度大，区域性整体贫困问题依然突出。

从全区看，由于贫困地区农民人均可支配收入基数低，虽然近年来增幅高于全区平均水平，但收入差距拉大的趋势未得到扭转。中南部地区农民人均可支配收入与全区平均水平的差距由 2010 年的 1513 元拉大到 2015 年的 2301 元。在经济发展新常态下，农民可支配收入中工资性收入占比下降，且增幅趋缓；受农产品价格"天花板"下压、农业生产成本"地板"抬升的双重挤压，生产经营性收入空间收窄；转移性收入虽然逐年增长，但占比较小；财产性收入成为增收的最大短板，缩小发展差距的任务更加艰巨。

从贫困地区看，中南部 9 县市 2015 年地方财政收入仅占全区的 5.9%，财政自给率仅 8.6%；拉动贫困地区发展的固定资产投资不足，仅占全区的 13.4%。水利和交通依然是制约贫困地区发展的主要瓶颈。水资源供需矛盾依然突出，供水保证能力不高，库井灌区设施配套率低，部分农村饮水水质存在安全隐患。农村村组道路尚不完善，综合交通运输管理水平和安全保障能力不足。经济总量小，产业层次低，竞争能力不强，工业基础薄弱，辐射带动能力弱。农村信息、文化、体育等设施建设滞后，医疗卫生服务水平低，学前教育基础薄弱，公共服务均等化难度大。生态环境依然脆弱，水土流失严重，自然灾害频发，资源环境承载能力不足，生态功能修复仍需较长周期。剩余的贫困人口是贫中之贫、困中之困，属于自我发展能力最弱、脱贫难度最大、减贫成本最高的群体，是最难啃的"硬骨头"。58.12 万贫困人口中，因病、因残、因学致贫的家庭占 32%，初中及初中以下文化程度的人口占 87.7%。

由此可见，宁夏回族自治区的脱贫任务仍然不容小觑。如何实现"十三五"规划要求的"到 2020 年，中国现行标准下农村贫困人口实现脱贫，贫困县全部摘帽，解决区域性整体贫困"，已经成为宁夏回族自治区关注的焦点。

构建非灾经济发展区最根本的目的是要改善非灾经济发展区的经济发展状况，实现全面脱贫，促进全面建成小康社会。因此，在选址的时候，要考虑地理位置更有优势的待选县市，有利于重建之后的经济发展。宁夏回族自治区位于中国西北内陆地区，黄河上中游，土地总面积 6.64 万平方千米，占全国土地面积的 0.54%，总人口 632 万人，汉族人口占全区总人口的 64.58%，回族人口占 34.77%。全区辖 5 个地级市、2 个县级市、11 个县、9 个市辖区。从自然地理和经济社会发展水平来看，宁夏回族自治区分为引黄灌区、中部干旱带和南部山区 3 个自然生态区域。中部干旱带和南部山区地处黄土高原丘陵沟壑与荒漠、半荒漠草原地带，生态环境极其脆弱，自然灾害频繁，生产生活条件极差，是国家确定的扶贫攻坚重点地区之一。根据选址理论分析以及以上事实，本章从宁夏回族自治区的 2 个县级市、11 个县、9 个市辖区[①]（表 11.1）中选取非灾经济发展区。

**表 11.1　非灾经济发展区待选区域**

| 地区 | 县市 | 接壤省区市与地区 |
| --- | --- | --- |
| 银川市 | 贺兰县 | 东临黄河，西倚贺兰山，和内蒙古自治区阿拉善左旗以贺兰山主峰分界；南与宁夏回族自治区首府银川市郊区为邻，北与平罗县接壤 |
| | 兴庆区 | 东与内蒙古自治区鄂托克前旗接壤，西临唐徕古渠，南北分别与灵武市、永宁县、贺兰县、平罗县接壤 |
| | 金凤区 | 地处银川市中心，东与兴庆区接壤；西与西夏区为邻；南与永宁县相连；北接贺兰县 |
| | 西夏区 | 西至贺兰山分水岭，与内蒙古自治区阿拉善左旗接壤，与金凤区为邻，南北分别与永宁县和贺兰县相连，总面积 987.2 平方千米 |
| | 灵武市 | 东靠盐池县，南接同心县、吴忠市，西滨黄河与永宁县相望，北与内蒙古自治区鄂托克前旗接壤，是宁夏回族自治区首府银川市所辖市县区之一 |
| | 永宁县 | 地处宁夏回族自治区引黄灌区中部，位于银川平原中部，东临黄河、西靠贺兰山，总面积 934 平方千米 |

---

① 本章涉及县、县级市、市辖区等县级行政单位，为全书统一，简称县市

续表

| 地区 | 县市 | 接壤省区市与地区 |
|---|---|---|
| 石嘴山市 | 大武口区 | 南以西汝公路为界，北邻简泉农场场部，东以三二支沟为界，西与贺兰山接壤 |
| | 惠农区 | 地处宁夏最北端，东临黄河，西依贺兰山，北与内蒙古自治区乌海市接壤，是宁夏回族自治区的北大门 |
| | 平罗县 | 东与内蒙古自治区鄂托克前旗相邻，西以贺兰山分水岭为界与内蒙古自治区阿拉善左旗接壤，南与银川市贺兰县毗邻，北与石嘴山市惠农区相连 |
| 吴忠市 | 利通区 | 西临黄河与青铜峡市毗连，南与中宁县、红寺堡区交界；东北部与灵武市接壤 |
| | 红寺堡区 | 北临吴忠市利通区和青铜峡市、灵武市，南至同心县，东至盐池县，西北与中宁县接壤 |
| | 青铜峡市 | 东隔黄河与灵武市、吴忠市利通区相望，南以牛首山为界与中卫市中宁县接壤，西依明长城同内蒙古自治区阿拉善左旗为邻，北与永宁县相连 |
| | 盐池县 | 地处陕、甘、宁、蒙四省区交界地带，西与灵武市、同心县连接，北与内蒙古自治区鄂托克前旗相邻，东与陕西省定边县接壤，南与甘肃省环县毗邻 |
| | 同心县 | 东与甘肃省环县相邻，南与固原市接壤，西与海原县相邻，北与中宁县、红寺堡区接壤 |
| 固原市 | 原州区 | 北连海原县和吴忠市同心县，南接泾源县，东靠彭阳县和甘肃庆阳市环县，西邻西吉县 |
| | 西吉县 | 东距固原市63千米，北距银川市391千米，与甘肃省会宁市接壤 |
| | 隆德县 | 宁夏回族自治区南部边陲，六盘山西麓，县境西北毗连甘肃省静宁县，东南直接泾源县、庄浪县，东北周边与固原市接界 |
| | 泾源县 | 东与甘肃省平凉市崆峒区相连，南与甘肃省华亭县、庄浪县接壤，西与隆德县毗邻，北与原州区、彭阳县交界 |
| | 彭阳县 | 西连宁夏回族自治区固原市原州区，东、南、北环邻甘肃省庆阳市镇原县、平凉市崆峒区、庆阳市环县等 |
| 中卫市 | 沙坡头区 | 东邻中宁县，南与同心县、海原县及甘肃省靖远县交汇，西接甘肃省景泰县，北邻内蒙古自治区阿拉善左旗 |
| | 中宁县 | 东临利通区、青铜峡市，西依中卫城区，南接同心县，北靠内蒙古自治区阿拉善左旗 |
| | 海原县 | 东与固原市原州区相连，南与西吉县接壤，西临甘肃省靖远县、会宁县，北濒中卫市沙坡头区、同心县 |

# 第一节　地理位置条件分析

## 1. 与其他省区市接壤

宁夏回族自治区是全国重点贫困地区，其区内由于自然环境恶劣，经济社会发展严重滞后，贫困现象十分普遍。本书的非灾经济发展模式首先考虑到县市的自然环境以及与其他省区市接壤情况。因为如果先发展与其他省区市接壤的县市，可以起到桥头堡的作用，利于宁夏回族自治区与外省（自治区、直辖市）的互动发展，借助外省（自治区、直辖市）的经济发展力量来推动非灾经济发展区的经济发展。各待选县市与其他省区市接壤的具体情况如表 11.1 所示。

## 2. 片区

宁夏回族自治区贫困地区主要集中于宁南山区和中部干旱带，即西海固地区，几乎成为极端贫困的代名词。按照联合国人口与资源研究组织规定标准，干旱、半干旱地区人口承载力为 7~22 人/千米$^2$，而固原市目前的人口密度高达 142 人/千米$^2$，隆德县等人口密度达到 181 人/千米$^2$，自然承受力过大，一方水土难养一方人。按照 2015 年统计的贫困标准，宁夏回族自治区尚有 58 万贫困人口，且有 35 万贫困人口生活在生态脆弱的地域，解决好 35 万生态移民的生存和发展问题仍然是一个大难题。

宁夏回族自治区中南部山区，覆盖固原市的原州区、彭阳县、隆德县、西吉县和泾源县，吴忠市的同心县和盐池县，中卫市的海原县。该区域常称为西海固地区，是我国最贫困的地区之一。自然条件差，干旱多灾，生态环境严重失调，过多的人口远超过了当地自然资源的负荷能力。土地总面积 3.43 万平方千米，2011年总人口 209.28 万人，是宁夏的"半壁河山"，属于我国的老、少、边、穷地区。人们为了生存，违背自然规律，对自然资源进行掠夺式经营，破坏了赖以生产、生活的资源，陷入了"越垦越穷、越穷越垦"的恶性循环之中。通过非灾经济发展模式，选择生态环境较好的地区，有计划有组织地将贫困较严重地区的人口，向条件较好而又具备接纳能力的地区迁移，体现了人与自然协调发展的要求，也体现了可持续发展的要求，既能减轻生态环境的压力，又能从根本上修复、改善和保护宁夏回族自治区。

西海固地区几乎覆盖整个宁夏回族自治区中南部，涉及范围之广，是中国其他地带的贫困片区难见的，同时该区域属于国务院扶贫开发领导小组办公室公布的全国连片特困地区中的六盘山。整个宁夏回族自治区半壁江山都是贫困地带。考虑到西海固地区的生态恶劣程度，选择单个地区作为非灾经济发展区的选点，其成本和收益将是极其不对等的。同时考虑到这些地区与甘肃省和陕西省地理空间接壤关系，根据上面的分析，将整个西海固地区作为非灾经济发展区的初选选址，见表 11.2。

**表 11.2　宁夏回族自治区连片贫困地区**

| 地区 | 地市 | 县市 |
|------|------|------|
| | 吴忠市 | 同心县、盐池县 |
| 西海固地区（8） | 固原市 | 原州区、西吉县、隆德县、泾源县、彭阳县 |
| | 中卫市 | 海原县 |

## 第二节　区域梯度分布状况分析

梯度分布状况是非灾经济发展区选址的决定性条件。本节根据广义梯度推移理论，考察各贫困地区的自然资源、经济发展、社会发展、文化发展、生态环境五个梯度的分布状况，把它们作为衡量一个地区经济发展状况的指标。

首先，为贫困地区的自然资源、经济发展、社会发展、文化发展、生态环境状况各选取一个指标来度量。

（1）自然资源状况用人均土地面积来衡量。

（2）经济发展状况用人均地区生产总值来衡量。

（3）社会发展状况用城镇人口比例来衡量。

（4）文化发展状况用普通中学在校学生所占比例来衡量。

（5）生态环境状况用工业废水处理能力来衡量。工业废水处理能力是工业废水处理量与工业废水排放量的比值。它衡量了一个地区处理工业废水的能力。各个地区为发展经济，都在大力发展自己的工业，但是随着工业的发展，环境污染成为高度重视的问题。一个地区处理工业废水的能力可以很好地反映出该地区的生态环境状况。工业废水处理能力高，说明这个地区对生态环境的破坏程度较小，生态环境状况好。

根据前面的度量指标，选取了 2013 年初选县市每个指标的相关数据，并分别针对每个指标，对初选地区进行排序。由于要选择"短板"较多的若干县市，而认为如果某个县市在某个指标上的排名位于后五位，即可将这一指标对应的梯度作为该县市的"短板"。根据排序结果，找出每个指标排名后五位的初选县市，结果如表 11.3 所示。

表 11.3 五个指标排名后五位的县市

| 排名（倒数） | 自然资源梯度分布评价 | 经济发展梯度分布评价 | 社会发展梯度分布评价 | 文化发展梯度分布评价 | 生态环境梯度分布评价 |
|---|---|---|---|---|---|
| 1 | 隆德县 | 海原县 | 海原县 | 泾源县 | 同心县 |
| 2 | 原州区 | 隆德县 | 西吉县 | 盐池县 | 西吉县 |
| 3 | 西吉县 | 泾源县 | 隆德县 | 海原县 | 泾源县 |
| 4 | 泾源县 | 西吉县 | 泾源县 | 同心县 | 海原县 |
| 5 | 彭阳县 | 同心县 | 彭阳县 | 西吉县 | 盐池县 |

要找的是"短板"较多的地区，因此，对每个初选县市，一旦在某个梯度下的排名位于后五位，给这个县市记为 1，否则记为 0，累加后的值即各县市的"短板"数，具体结果见表 11.4。

表 11.4 初选县市的"短板"数

| 初选县市 | 自然资源梯度分布评价 | 经济发展梯度分布评价 | 社会发展梯度分布评价 | 文化发展梯度分布评价 | 生态环境梯度分布评价 | "短板"数 |
|---|---|---|---|---|---|---|
| 盐池县 | | | | 1 | 1 | 2 |
| 同心县 | | 1 | | 1 | 1 | 3 |
| 原州区 | 1 | | | | | 1 |
| 西吉县 | 1 | 1 | 1 | 1 | 1 | 5 |
| 隆德县 | 1 | 1 | 1 | | | 3 |
| 泾源县 | 1 | 1 | 1 | 1 | 1 | 5 |
| 彭阳县 | 1 | | 1 | | | 2 |
| 海原县 | | 1 | 1 | 1 | 1 | 4 |

根据表 11.4，选择"短板"数较多的（大于或等于 3）地区作为待选非灾经济发展区。这一轮经过筛选之后，符合条件的贫困县市有 5 个，它们是：同心县、西吉县、隆德县、泾源县、海原县。

## 第三节 支持革命老区的建设和发展及最终选址结果

陕甘宁革命老区人民为中华民族解放和中华人民共和国的建立作出了巨大牺牲和不可磨灭的贡献。《陕甘宁革命老区振兴规划》是我国第一部专门针对革命老区"量身定做"的有关经济、社会、生态建设等八方面可持续协调发展的规划。该规划涉及陕西省、甘肃省、宁夏回族自治区，总面积 19.2 万平方千米，人口 1700 多万人，规划期为 2012~2020 年。盐池县、同心县、青铜峡市、红寺堡区、利通区、灵武市、中宁县、海原县、沙坡头区、彭阳县、西吉县、隆德县、泾源县、原州区 14 个县市列入规划。可见，上一轮筛选后得到的 5 个贫困县市均为革命老区。

经过了理论分析、地理位置条件分析、区域梯度分布状况分析、对革命老区的建设和发展的支持分析后，非灾经济发展区最终选定为：同心县、西吉县、隆德县、泾源县、海原县 5 个县。

## 第四节 非灾重建对宁夏回族自治区非灾经济发展区影响的实证分析

若借鉴四川灾后重建政策的经验，对非地震灾区（选定的宁夏回族自治区贫困县市）实施虚拟的灾后重建政策，进行"推倒重来"式的建设，将极大地促进当地经济社会的发展。利用建立的面板回归模型得出选定的 5 个县市若经虚拟灾后重建，2013 年地区生产总值可比实际值增长 18.27 亿元，增长率也可提高 12.59 个百分点。同时，虚拟灾后重建将促进选定的贫困县市及宁夏回族自治区在人均地区生产总值、政府收入、产业结构、居民收入、消费总量和固定投资与基础设施等方面的显著提高。抗震救灾政策及灾后重建效果对经济增长的影响，为后续灾区重建工作提供指导，也为其他地区实施虚拟灾后重建的政策提供了极其重要的借鉴价值。

（一）虚拟灾后重建对当地经济增长影响的测度

1. 假设

四川省极重灾区及较重灾区县市的灾后重建工作带来的经济效应具有极其重要的借鉴价值。为测度对宁夏回族自治区 5 个贫困县市进行虚拟灾后"推倒重来"式的重建对当地经济增长的影响，提出以下假设。

（1）对宁夏回族自治区贫困县市的重建政策相当于四川省灾区县市的灾后重建政策，力度、方式等情况也类似。

（2）选定的宁夏回族自治区 5 个贫困县市虚拟灾后重建对经济增长的影响与四川省灾后重建的影响一致，即上述回归方程系数可同等重要程度去衡量宁夏回族自治区 5 个县市虚拟灾后重建对经济增长的影响。

（3）虚拟灾后重建暂且不考虑人道主义精神，只考虑经济效益。

2. 选定地区数据

非灾经济发展区最终选定为：同心县、西吉县、隆德县、泾源县、海原县 5 个县市。从 2014 年《宁夏统计年鉴》收集上述选定的县市 2013 年的地区生产总值和人口、固定资产投资额数据，如表 11.5 所示。

表 11.5　选定县市的地区生产总值、人口、固定资产投资额数据

| 县市 | 地区生产总值/万元 | 人口/万人 | 固定资产投资额/万元 |
|---|---|---|---|
| 同心县 | 404 277 | 32.58 | 512 663 |
| 西吉县 | 423 532 | 35.91 | 302 105 |
| 隆德县 | 171 410 | 16.33 | 239 473 |
| 泾源县 | 110 397 | 10.16 | 173 782 |
| 海原县 | 341 478 | 39.38 | 433 536 |

对选定的 5 个县市进行虚拟灾后重建，对于"反事实"分析问题，灾后重建的发展模式并没有发生，现借鉴四川省灾后重建的经济效果的影响对这 5 个县市进行分析和测度。假设对选定的县市进行灾后"推倒重来"式的重建，则对比灾前 $A=0$ 和灾后 $A=1$ 两种情况下，即若当年经过虚拟"推倒重来"式的重建，地区生产总值的变化情况。根据式（5.3）估计的地区生产总值，测度虚拟灾后重建政策对经济增长的影响及效果。

3. 虚拟灾后重建的经济效应分析

根据上述拟合的固定效应模型估计，可得出虚拟灾后重建后的 5 个县市地区生产总值估计值，如表 11.6 所示。

表 11.6　灾后重建后的 5 个县市地区生产总值估计值

| 县市 | 地区生产总值/万元 | 人口/万人 | 固定资产投资额/万元 | $A=0$ 时地区生产总值估计值/万元 | $A=1$ 时地区生产总值估计值/万元 | 修正的地区生产总值估计值/万元 | 地区生产总值增加估计值/万元 |
|---|---|---|---|---|---|---|---|
| 同心县 | 404 277 | 32.58 | 512 663 | 458 758.26 | 516 514.53 | 455 174.25 | 50 897.25 |
| 西吉县 | 423 532 | 35.91 | 302 105 | 416 192.26 | 468 589.59 | 476 853.45 | 53 321.45 |
| 隆德县 | 171 410 | 16.33 | 239 473 | 162 238.55 | 182 663.89 | 192 990.00 | 21 580.00 |
| 泾源县 | 110 397 | 10.16 | 173 782 | 85 831.72 | 96 637.68 | 124 295.66 | 13 898.66 |
| 海原县 | 341 478 | 39.38 | 433 536 | 528 117.76 | 594 606.17 | 384 469.04 | 42 991.04 |

表 11.6 中把虚拟灾后重建选定的 5 个县市初始的人口、固定资产投资额以及取虚拟变量为 0 时，代入式（5.3）后，得到同心县、西吉县、隆德县、泾源县、海原县的地区生产总值估计值分别为 458 758.26 万元、416 192.26 万元、162 238.55 万元、85 831.72 万元、528 117.76 万元。当虚拟变量取值为 1 时，即若经过虚拟灾后重建后 2013 年的地区生产总值估计值，代入人口、固定资本投资额到式（5.3）时，计算得到同心县、西吉县、隆德县、泾源县、海原县的地区生产总值估计值分别为 516 514.53 万元、468 589.59 万元、182 663.89 万元、96 637.68 万元、594 606.17 万元。

对上述数据进行调整，原理是基于虚拟变量为 0 时的拟合值与真实值之比等于虚拟变量为 1 时的拟合值与调整后的估计值之比。以同心县为例，同心县 2013 年的地区生产总值真实值为 404 277 万元，而利用模型对 2013 年的地区生产总值估计值为 458 758.26 万元，虚拟灾后重建后的 2013 年模型估计值为 516 514.53 万元。基于模型的偏差是不变的来对这一结果进行调整，得到 $A = 1$ 时 2013 年的修正的地区生产总值估计值为（404 277/458 758.26）×516 514.53 = 455 174.25 万元。同理可以计算出其他 4 个县市的修正的地区生产总值估计值。若 2013 年是经过虚拟"推倒重来"式重建的，那么同心县、西吉县、隆德县、泾源县、海原县的修正的地区生产总值估计值分别为 455 174.25 万元、476 853.45 万元、192 990.00 万元、124 295.66 万元、384 469.04 万元。与 2013 年地区生产总值真实值相比，分别增加了 50 897.25 万元、53 321.45 万元、21 580.00 万元、13 898.66 万元、42 991.04 万元，增幅较为明显。因此，5 个县市若在 2013 年经过虚拟"推倒重来"式重建，各个县市地区生产总值增长率可提高 12.59 个百分点，地区生产总值总增加额为 182 688.30 万元，增长率也提高 12.59 个百分点，当地经济状况明显得到改善。

根据测度虚拟灾后重建对当地经济增长的影响的假设及模型的基本假定，可以看到科布-道格拉斯生产函数形式，资本和劳动力的边际报酬率是递减的，也就是说，单位资本在非贫困县市及发展较好的县市发展程度较高，5 个选定的贫困县市发展程度较低，拥有较多资本的城市生产与拥有较少资本的城市生产的产出是有差异的，在发展程度较低的贫困县市，生产能够带来更多的产出，那么经过虚拟灾后重建后，基础设施的建设及产业的优化，会有一部分劳动密集型、资本密集型企业往"重建后"的贫困县市转移，统筹了城乡的发展和发展较好地区与落后贫困地区的发展，优化了资本、产业及经济效益的地区分布格局，也让资本回报率增加，从而使"重建后"的新的贫困县市地区生产总值在政策影响的基础上更上一层楼，这也验证了虚拟灾后重建后当地会发生的变化及取得的有效成果。

综上所述，采用面板数据回归模型对灾后重建政策的实施效果进行检验的结果显示，灾后重建对灾区经济增长的促进取得显著的成效。

（二）小结

若借鉴四川省灾后重建政策的经验，对非地震灾区（选定的宁夏回族自治区贫困县市）进行虚拟的灾后重建政策"推倒重来"式的建设，将极大地促进当地经济社会的发展。利用建立的面板回归模型得出选定的 5 个县市若经虚拟灾后重建，2013 年地区生产总值可比实际值增长 18.27 亿元，增长率也可提高 12.59 个百分点。

# 第十二章　基于非灾经济发展模式的脱贫对策

科学发展观,第一要义是发展,核心是以人为本,基本要求是全面协调可持续,根本方法是统筹兼顾。在非灾经济发展模式中,以人为本,就是以贫困地区广大人民群众的根本利益为本,切实保障当地人民的政治和文化需求,在实施脱贫政策的过程中将当地人民的全面发展放在第一位,并使他们切实享受成功果实;全面发展,就是以该地区经济建设为中心,全面推进经济、政治、文化、社会和生态文明建设五位一体,实现该地区的全面跨越式发展;协调发展,就是要统筹城乡发展、统筹区域发展、统筹经济社会发展、统筹人与自然和谐发展,推进贫困地区社会生活、区域经济、行政管理、生态环境、法律政策等系统相互协调;可持续发展,就是遵循循环经济理念,保护贫困区环境承载能力,构建资源节约型、环境友好型社会,建设社会主义新农村,走生态良好文明发展道路;统筹兼顾,就是要求从全面布局的角度,运用各种理论与方法来指导非灾经济发展区的脱贫政策计划。

党中央提出"四个全面"的战略布局,其中全面建成小康社会以及近期提出的"五个一批"工程都强调了在 2020 年实现所有贫困地区和贫困人口一道迈入全面小康社会。本书的创新之处在于借鉴灾害经济学的思维模式,将高效灾后重建的手段引入扶贫模式,借此来探求效率更高的扶贫手段。因此,非灾经济发展模式对加快贫困地区、贫困人口脱贫致富,对"五个一批"及"四个全面"、实现中华民族伟大复兴的中国梦有重要现实意义。

要做好脱贫工作,就必须明确"扶持谁""谁来扶""怎么扶"的问题。"扶持谁"这一点,第六章至第十一章分别以湖北省、河北省、云南省、贵州省、广西壮族自治区和宁夏回族自治区为例,经过测算和评估共给出了 28 个地区。"谁来扶"的问题,必然要以中央政府为指导,最终落实到各省区市的各级政府。这里可以借鉴灾难经济学中对口支援的模式,地区资助力度与其生产总值成比例。"怎么扶"的问题由本章着重给出。

非灾经济发展模式是在不可抗力的灾难发生之前,以非受迫性、彻底性,某种情况下或许还会采取以推倒重来的方式而实现的经济变革。该模式的推进不是一蹴而就的,需要一个合理的时间周期。根据关键节点具体可以划分为四个阶段:第一阶段是前期针对性的规划和评估;第二阶段是根据第一阶段的规划和评估制订特定贫困区的脱贫计划;第三阶段是政策实施与实时反馈;第四阶段是政策实施效果评估及后续跟进。

接下来，本章以湖北省和贵州省为例，分别详细表述具体脱贫工作的对策。

# 第一节　湖北省脱贫工作对策

本节以湖北省为例，经过测算和评估给出了 6 个县市：郧西县、竹山县、竹溪县、利川市、宣恩县、来凤县。根据时间周期与关键节点，政策执行的四个阶段工作具体如下。

### 1. 前期针对性的规划和评估

非灾经济发展区的脱贫需要系统全面地考虑到经济基础、农业发展、社会稳定以及自然资源等方面。各个方面都应该从提高扶贫效率这一基本宗旨出发进行政策的制定和实施。通过对比国家级贫困县扶贫效果分析，不难知道除了历史遗留因素以及地理条件和自然资源的限制等客观因素，不乏很多主观、人为因素。扶贫效果被限制的客观因素往往难以改变，但如何削减人为因素而带来的效果误差，是本章要研究并提出建议的。首先，扶贫效果差的人为因素分析如表 12.1 所示。

**表 12.1　扶贫效果差的人为因素分析**

| 扶贫效果差的人为因素 | 郧西县 | 竹山县 | 竹溪县 | 利川市 | 宣恩县 | 来凤县 |
|---|---|---|---|---|---|---|
| 基础财政扶贫资金太少 | √ | √ | √ | | | |
| 当地人民脱贫意识薄弱 | | √ | √ | | √ | √ |
| 房屋及固定设施质量低劣 | √ | √ | √ | | √ | √ |
| 脱贫政策普及不到位 | √ | | | √ | | |
| 脱贫政策制定不力或标准过低 | | √ | √ | √ | √ | |
| 脱贫政策执行不力 | √ | √ | √ | √ | | √ |
| 贫困区地方建设规划不合理 | | | | √ | √ | √ |
| 环境污染严重并疏于治理 | √ | √ | √ | √ | | |

由表 12.1 所见，扶贫效果的差异除了扶贫地区客观因素（如历史因素、地理因素等）的限制，人为因素也是很重要的一个方面。导致扶贫效果不佳的人为因素，是在非灾经济发展模式中必须避免的。

### 2. 基于综合性扶贫系统法制订相应脱贫计划

做好扶贫工作必须建立在精准评估当地贫困现状的基础上，评估某地区贫困现状的建模方法具体采用的模型在本节给出。周瑞超在 2003 年提出了综合性扶贫系统。综合性扶贫系统指的是当地社会发展的一个子系统，它本身又由八个子系统构成，如图 12.1 所示。

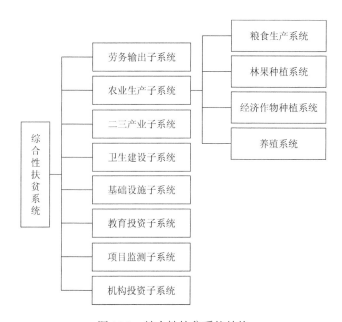

图 12.1　综合性扶贫系统结构

要从八个子系统的分层入手，做到在每一个子系统层面上都符合当地扶贫区的全面发展、以人为本、协调发展。要针对不同县市的特点采取相应措施。例如，郧西县，地处鄂西北角，北依秦岭，南临汉江，与陕西省接壤，处于华北自然区域和华中自然区域之间，过渡地带，属于副热带北界大陆性季风气候。因此郧西县的农业生产子系统，应大力发展桐油、黄姜、板栗、烟叶以及香料的生产，同时要加大玉米等基础作物的种植量。

此外，郧西县第二、第三产业萎靡，应当深化机制创新推进第二、第三产业建设的重点工作。卫生建设子系统中又涉及当地居民的医疗保障、社会保障、工伤保障等。郧西县存在不具备生存和发展条件的地区，针对这些地区，应实施易地扶贫搬迁，科学编制《全国"十三五"易地扶贫搬迁规划》，对搬迁人民建档立卡落实户籍问题。

基础设施子系统的建设要求落实四个责任：一是推进跨行政区的交通、水利、能源等重大建设项目落地；二是实施整村推进工程，努力改善贫困村基本生产生活条件；三是发展优势特色产业，确定不同片区的区域首位产业和特色优势产业；四是抓好片区已有支持政策的落实，适时研究制定新的支持政策。

项目监测子系统要求加强扶贫项目资金监管，扶贫总资金落实到各个系统的比例需制定出合理规划。做到各扶贫项目资金公正公开公示，主动接受社会和当地民众的监督。

在整村推进进展顺利、投资量较大的贫困村，全村农民人均收入在一两年内可以提高 50% 以上；由于道路、通信等条件的改善，不少贫困村能够开拓新的生产门路，更好地发挥比较优势；基础设施的改善也促进了贫困村的劳务输出，从而间接地增加了贫困村农户的家庭收入。

建设项目是扶贫资金的载体，投资是拉动经济增长的关键性措施，如何有效地控制建设项目投资，最大限度地提高投资效益，是扶贫工作要解决的首要问题。资源的有限性是经济发展方式转变的客观原因，它促使经济发展由粗放型向集约型转变，具有客观必然性，是一种经济发展规律。

### 3. 政策实施与实时反馈

非灾经济建设扶贫具有未雨绸缪地促进经济协调发展的重要作用。扶贫区即非灾经济发展区，很大的概率将落在农村地区，农村重建应该按照党中央出台的新农村建设要求，重视环境的治理和生态恢复，有条件的农村还可以考虑产业结构优化以及土地制度的革新。

在图 12.1 中，劳务输出子系统应采用以工代赈模式。这种方法来源于灾区重建，将涉及道路与桥梁修缮、公共物品物资的运输、加固堤坝、疏通河道、重建居民瓦房等项目，投入当地居民的人力。组织当地人民主动承担各种建设和修复工作，将物资的投入和组织当地民众参与工作这两方面需求紧密结合起来，建设及修复工程能够迅速实施，同时提高当地民众的就业率，让民众有可靠的经济收入，稳定经济冲击带来的局部不饱和，也可使巨额建设经费发挥更大效益。当地民众的基本生活有了可靠保障和改善，将有利于形成稳定增长的经济基本面。

学者杨继瑞（2008）认为，通过以工代赈，组织赈济对象参加工程建设与相关服务工作，使他们得到必要的收入和最基本的生活保障，从而达到目的。"以工代赈"这一词最早出现在北宋时期，是以赈济为切入点，以灾区重建家园为载体，以促进灾区群众安居乐业为目的，以政府与社会的货币或实物投入，辅之以适度的市场配置资源的机制，增强灾区在社会经济发展中的造血机能。所谓"赈"，就是用现金、粮食、衣服等实物无偿救济灾民或贫困人口。以工代赈属于赈济的范畴，但又不同于一般单纯赈济，其特殊性在于赈济灾民和建设服务的结合与统一，它是赈济对象通过参加必要的社会公共工程的建设而获得赈济物或资金的一种特殊的赈济方式。以工代赈有两个基本职能，即建设服务与赈济受灾群众，一方面，通过工程建设与相关服务工作等"载体"，以工程设施或提高赈灾服务绩效的形式来实现资金的有效利用；另一方面，通过组织受灾群众参加工程建设与相关服务工作，并以发放劳务报酬的形式实现赈济，以工代赈资金既有建设服务性质，又有赈济受灾群众性质。以工代赈在实际运用中，具有催化劳动与资本、土地等要素结合的功能，还能够在一定程度上使劳动代替资本。特别是通过以工代赈形成的公共工程和基础设施，开展规模化的土地治理，有助于为工业的集中发展、农业产业化经营奠定坚实基础，可以对当地经济社会的发展起到长期作用。同时，以工代赈还可以为灾区人民提供就业岗位，从根本上解决灾民的收入来源问题，以乐业安居形成灾区的长效稳定动力，解决灾区劳动力的隐性失业问题，培养灾区的产业工人队伍。

灾后重建可依据规划主要分两大类：一类是为灾后重建编制的专门性、宏观性、协调性的规划；另一类是原有的城乡规划修订，通过这两者的有效结合从而科学高效地进行灾后重建工作。但对于非灾经济发展区，既没有为灾后重建编制的专门性、宏观性、协调性的规划，也没有原有的城乡规划修订，更无须提将两者结合来制定相应规划。因此，针对贫困型的非灾经济发展区，在制定规划方面一定会比灾后重建简单易行，能以较少的投入获得较大的经济效益。其次，在编制非灾经济发展的计划时要谨遵"精准、精炼、高效、对口"的八字原则。"精准"是指投入的运作项目应十分具体，路段的维修重建应具体到每一条街道，房屋的拆迁具体到各家各户。"精炼"指的是运作项目产生的经济效益高，以生产茶叶见长的地区应当发挥其特长将茶叶生产产业化而不是走重工业的老步伐，以纺织见长的地区应顺应趋势将产业扩大增强，力争"走出去"。这就要求做好前期工作，首先要深入调研，认真细致地为前期工作制订切实可行方案。非灾经济发展模式涉及广大群众的切身利益，要把事情办好，就必须要根据实际情况、存在的问题制订切实可行操作性强的方案，并且方案一经制订便需要严格执行，这样才能减少失误。制订方案要特别注重以下工作：①对象的选择，要严格界定，标准要准确、清晰，最好是法定部门的依据，切不可模棱两可、含糊不清；②安置点的选择，要降低成本，与小城镇建设、新农村等结合起来；③资金管理，要列专户、实行报账制，建立根据进度分期拨款的激励、制约制度；④基础设施配套工作，配套工作一定要及时跟上，安置点一经确定，就要交通、水利、供电、农业等部门做好项目规划，从本部门及向上级有关部门争取资金，相关部门也要签订责任状。

政策实施的过程中要加强政府协调职能。虚拟经济发展模式是由政府来领导的，其中涉及的"推倒重建"以及集中安置需要依靠各级政府部门，甚至是跨地区政府部门的合作。

一旦政策开始实施，就要实时搜集各方面的反馈信息，这样既可以随时了解政策的执行状况，也可以发现既定政策可能存在的问题，方便进行政策上的动态调整，以更好地契合现状。

### 4. 政策实施效果评估及后续跟进

后期跟进的过程中要健全扶贫移民社会保障。扶贫移民因为其贫困性，本身就是一种实际意义上的社会保障对象。经过扶贫移民过程中动产与不动产的损失，较少的发展资源和较低的发展能力则极易使他们陷入更加贫困的境地，因此应建立完善的扶贫移民社会保障体系，重视扶贫移民后期扶持。由于移民家庭大多经济基础薄弱，且受学历、观念、耕作技术、经验等多方面因素的限制，其利用科技致富的能力也较弱，因而在重建家园和发展生产中许多困难靠自身难以解决。为了缩小贫富差距，政府就要对于移民实行必要的后续扶持政策：①坚持扶贫移民与农业产业结构调整相结合的发展思路，加大对产业化的扶持力度，大力发展支柱产业；②对于个体扶贫移民提供发展所必需的资金、技能培训，采取资金资助、项目辅助、就业机会提供等帮扶措施，提高他们脱贫致富和抵御市场风险的能力。

评估政策实施效果有两种方法。第一种方法是采取总目标分层法，总目标分层法是系统科学的分析方法之一，是现代科学技术体系中一个新兴的科学技术部门，并在迅速发展之中，而且越来越显示出其强大生命力。扶贫总目标效果的测度通过两方面准则来反映：一是缓贫准则；二是可持续发展准则，也就是说，有效的扶贫措施必须满足缓解贫困和支持该地区可持续发展两大准则。在缓贫准则之下，其衡量标准有四大方面：收入目标、人口素质目标、基础设备目标和生态环境目标。在可持续发展准则之下，其衡量标准有三大方面：经济发展目标、社会发展目标、环境发展目标。扶贫总目标分层法的思路和综合性扶贫系统的思想相吻合，如图12.2所示。

先从第三层开始，依次从收入目标、人口素质目标、基础设备目标、生态环境目标考量，这四个指标的完成度作为评估缓贫准则实施效果的一个度量。这四个目标都能通过扶贫前后的数据对比得出，进而判断缓贫准则的实施效果。同理，可持续发展准则是通过衡量经济发展目标、社会发展目标以及环境发展目标效果而得到评估的。用第三层评估第二层，再用第二层评估扶贫总目标。

第二种方法是二次实证对比。本书借鉴四川省地震极重灾区和较重灾区的数据进行"反事实"分析，原因就在政策尚未实施，没有真实的数据。在政策实施后，就有必要利用真实的数据重新进行论证。一方面，可以通过二次实证对比，检验非灾经济发展模式对湖北省目标贫困县市脱贫的有效性；另一方面，可以通过实际数据检验本模型的有效性，以方便进行其他省区市的置换或进行全国的推广应用。

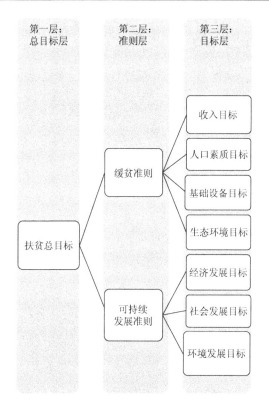

图 12.2　总目标分层法评估政策实施绩效

# 第二节　贵州省脱贫工作对策

按照国家新的扶贫标准计算，截至 2015 年底，贵州省还有 493 万农村贫困人口，是全国贫困人口最多、贫困面积最大、贫困程度最深的，到 2020 年贵州省要与全国同步建成小康社会，脱贫攻坚任务艰巨繁重。从这个意义上讲，贵州省是全国脱贫攻坚的主战场、决战区，同时是"短板"中的"短板"。到 2020 年能否实现同步小康，不拖全国的后腿，不仅是经济问题，而且是重大的政治问题。

按照习近平总书记提出的扶贫开发贵在精准，重在精准，成败之举在于精准的思想，在推进扶贫开发决战决胜的关键时刻，精准就是取胜的法宝。从目前来看，贵州省扶贫开发围绕"扶谁的贫、谁来扶贫、怎么扶贫"，大力实施"六个精准"扶贫政策，把贫困人口找出来，把帮扶措施落到位。一是准在扶持对象明晰。精准扶贫，建档立卡、细分扶贫对象是第一步。这项庞大而复杂的基础工作现在已全面铺开，形成全省四级联动全面开展"遍访贫困村贫困户"机制，精准摸清贫困情况、致贫原因、帮扶需求。二是准在项目安排。按照抓大不放小的要求，因地制宜、因村施法、因户施策，推动区域经济、产业扶贫和到村到户三者有机统一、高度融合。三是准在资金使用。扶贫资金是"高压线"，更是人民群众的"救命钱"。严格建立财政专项扶贫资金安全运行机制，推行"政银企农"合作模式，推进小额信用贷款、农村青年创业小额贷款和妇女小额担保贷款工作。同时，以扶贫规划和项目为平台，在全省 10 个取消地区生产总值考核县和 10 个有条件的县开展涉农资金整合试点。四是准在措施到村到户。对贫困村通过基础设施"六个小康建设"因村施法，对贫困户通过精准扶贫"六个到村到户"因户施策。五是准在干部选派。按照"一村一同步小康工作队、一户一脱贫致富责任人"的要求，实现了对贫困村、贫困户驻村帮扶的"两个全覆盖"。六是准在退出机制。建立完善贫困县退出机制，促进贫困县"摘帽不摘政策"。加强对贫困人口的识别建卡和动态管理，完善进退机制，对已经脱贫的要认真核实核准，完全脱贫的要及时销户，杜绝"戴着贫穷帽子、过着炫富日子"的现象。本书提出的非灾经济发展模式，对贵州省的扶贫工作提供了一种新的思路。经过测算和评估给出了贵州省重点扶持的 5 个县：镇宁布依族苗族自治县、紫云苗族布依族自治县、望谟县、册亨县、长顺县。

### 1. 发挥政府在非灾经济发展模式的主导作用

贵州省民族地区特别是非灾经济发展模式识别的 5 个县，处于石漠化片区，长期遭受地震、泥石流等自然灾害的影响，望谟县更是遭受过"6·6"特大山洪泥石流，有灾后重建和长期扶贫的双重经验。可以借鉴"发展型"灾后重建工作，由中央政府及相关机构制定一个总体规划，以及城镇体系规划、农村建设规划、城乡住房建设规划、基础设施建设规划、公共服务设施建设规划、生产力布局和产业调整规划、市场服务体系规划、防灾减灾和生态修复规划、土地利用规划 9 个分别针对具体领域灾后恢复重建的专项规划。大力改善受灾地区重大公共基础设施建设，改善灾区生活和生产环境问题；用税收减免政策改善企业发展的投资环境，并重新因地制宜地布局一批工业企业；利用投资巩固灾区的基础设施建设；积极进行灾区人力资源开发，例如，进行劳动技能培训和教育，提高灾区劳动力素质，尽量为劳动力提供就业岗位，切实解决民生问题，提高区域经济发展能力。

此外，充分发挥地方党委政府统筹、协调作用，通过建立挂帮联动扶贫机制，整合行业扶贫、社会扶贫资源，形成全社会共同参与扶贫的强大合力。一是积极探索新形势下扶贫开发机制。建立完善"县负总责、乡抓落实、部门参与"的扶贫工作新机制，总结能人带头、大户带动、龙头企业拉动、合作社联动等经验，探索推广行之有效的扶贫开发组织模式，提高农民组织化程度，延长产业化经营链条，推动农民持续增收。二是有机整合专项扶贫与行业扶贫。按照"渠道不乱、用途不变、各尽其力、各记其功"的原则，围绕片区扶贫攻坚目标任务，整合农业、林业、财政、交通、水利、电力、卫生、民政、教育等部门有关项目，集中投入实施，确保各类扶贫资金发挥最大效益。三是进一步提升社会扶贫工作水平。继续推广结对帮扶方式，拓宽帮扶领域，提高帮扶水平，建立社会扶贫长效机制。

2. 制定非灾经济发展模式的科学决策

非灾经济发展模式的决策问题主要是规划的制定与确认。从自然灾害的灾后重建的规划来看，主要分两大类：一类是为灾后重建编制的专门性、宏观性、协调性的规划；另一类是原有的城乡规划修订，通过这两者的有效结合从而科学高效地进行灾后重建工作。其次，在编制非灾经济发展的计划时要谨遵"精准、精炼、高效、对口"的八字原则。"精准"是指投入的运作项目应十分具体，路段的维修重建应具体到每一条街道，房屋的拆迁具体到各家各户。"精炼"指的是运作项目产生的经济效益高，如贵州省民族地区林业、水利和旅游产业具有相对优势。这就要求做好前期工作，深入调研，认真细致为前期工作制定切实可行方案。非灾经济发展模式涉及广大群众的切身利益，要把事情办好，就必须要根据实际情况、存在的问题制订切实、可行、操作性强的方案。

3. 非灾经济发展模式与易地扶贫相结合

首先，非灾经济发展模式鼓励引导交通条件好、发展潜力较大的村庄发展扩大。对发展潜力一般且在规划区内难以搬迁的村庄，鼓励村民向邻近村庄集聚。对规模小、交通不便、自然资源以及发展条件极其恶劣的村庄，实施搬迁，使得村庄人口能便利地进入生产-消费社会体系中。其次，地方政府指导推进项目建设实施，组织专家人员深入非灾经济发展区进行实地调研、考察和评估，听取群众的意见和建议。最后，需要基层政府与乡村社会的互动，如进行征地拆迁等。

在搬迁过程中借鉴易地扶贫模式，采取更加科学规范的搬迁方式，扶贫对象搬迁补助标准的测算既要考虑建房成本，也需要更多地从贫困农户角度出发测算出推动贫困人口愿意搬、能够搬的补助标准，避免"搬富不搬穷"等政策排斥现象的发生，满足不同类型搬迁对象的生计发展需求，促进扶贫搬迁对象的精准安置。还需要明晰不同主体的责任义务，积极构建资源整合平台，将政府的政策支持、资金投入，市场的资源配置、产业支持以及社会的理念倡导和资源链接功能有效结合起来。同时应该注重增强搬迁民众的主动参与意识，继续维系多元的生计资本配置策略，动员社会力量参与搬迁民众的社会情感调适中，建立搬迁民众社会融入长效机制，丰富生计资本存量，使非灾经济发展模式在民族地区具有更好的适应性。

4. 非灾经济发展模式与林业扶贫相结合

对非灾经济发展区进行"推倒重建"时需要充分考虑到对自然环境的影响，关注非灾经济发展区的生态保护。贵州省石漠化片区拥有得天独厚的地理条件，适合多种植物资源的生长，而许多植物资源有极大的经济开发价值，因此非灾经济发展模式应与林业扶贫紧密结合。各地应立足于现在，放眼于未来，合理开发本土资源，适度引进外来资源，加快林业产业化建设步伐和优化农村产业结构。主动迎合林产工业市场需求，大力发展桉树、杨树短周期工业原料林，杉木、马尾松等速生丰产用材林，柚木、花榈木等珍贵用材林，油桐、麻疯树、黄连木等林产工业原料林等；从人们追求营养保健和环保绿色产品的市场需求出发，大力发展厚朴、杜仲等中药材，刺梨、蓝莓、核桃等特色经济果林，竹笋、香椿等木本蔬菜林，茶叶等林产饮料林，花椒、八角等林产调料林，油茶、油橄榄等木本粮油林等。

同时，要应用先进适用的林业科学技术改革贫困地区封闭的传统林业经营模式，提高林农的科学文化素质，提高其资源开发水平和劳动生产率，促进商品经济发展，加快农民脱贫致富的步伐。贵州省石漠化片区贫困农民因缺乏必要的科学文化素质，难以将资源优势转化为经济优势，即使是已经实施的林业产业项目，也难以进行有效的管理和经营，返贫概率较大。实施林业科技扶贫要注重林业、科研、教育的有机结合，向贫困地区输入科技和管理人才，建立健全科技示范网络，组织开展各种类型的培训，建立全国农村科普网络，大力开展科普宣传，弘扬科学精神，提高农民素质。根据贫困地区的实际情况，引进先进、成熟、适用的技术，努力提高贫困农民参与市场竞争的能力，实现自我发展的良性循环。

# 参 考 文 献

董家丰，2014. 少数民族地区信贷精准扶贫研究[J]. 贵州民族研究，（7）：154-157.

高亮之，1993. 农业系统学基础[M]. 南京：江苏科学技术出版社.

赫希曼，1992. 经济发展战略[M]. 曹征海，潘照东，译. 北京：经济科学出版社.

黄承伟，覃志敏，2015. 我国农村贫困治理体系演进与精准扶贫[J]. 开发研究，（2）：56-59.

黄承伟，叶韬，赖力，2016. 扶贫模式创新——精准扶贫：理论研究与贵州实践[J]. 贵州社会
　　科学，（10）：4-11.

蒋焕洲，2014. 贵州民族地区旅游扶贫实践：成效、问题与对策思考[J]. 广西财经学院学报，
　　27（1）：34-37.

李春海，张文，彭牧青，2011. 农业产业集群的研究现状及其导向：组织创新视角[J]. 中国农
　　村经济，（3）：49-58.

李国平，许扬，2002. 梯度理论的发展及其意义[J]. 经济学家，（4）：69-75.

李辉，2015. 少数民族集中连片特困地区扶贫攻坚模式探讨[J]. 西北民族大学学报（哲学社会
　　科学版），（4）：103-108.

李鸥，2014. 精准扶贫：恩施市龙凤镇的政策背景、实施现状与对策建议[J]. 清江论坛，（4）：
　　55-58.

芦星月，2010. 汶川地震灾后恢复重建与扶贫开发相结合的机制研究[D]. 北京：北京师范大学
　　硕士学位论文.

马歇尔，2013. 经济学原理[M]. 陈瑞华，译. 西安：陕西人民出版社.

倪锋，张悦，于彤舟，2009. 汶川大地震对口支援初步研究[J]. 经济与管理研究，（7）：55-62.

仇保兴，2008. 借鉴日本经验求解四川灾后规划重建的若干难题[J]. 城市规划学刊，（6）：13-23.

王新霞，李具恒，2003. 西部开发新模式：基于梯度理论的扩展分析[J]. 兰州大学学报（社会
　　科学版），31（6）：112-116.

徐孝勇，赖景生，寸家菊，2010. 我国西部地区农村扶贫模式与扶贫绩效及政策建议[J]. 农业
　　现代化研究，31（2）：161-165.

杨继瑞，2008. 以工代赈：抗震救灾与重建家园的重要抉择[J]. 决策咨询，（4）：7-10.

杨旭东，史伟，2013. 滇桂黔石漠化区贵州片区贫困原因及林业扶贫措施[J]. 中南林业调查规
　　划，32（1）：49-51.

叶青，苏海，2016. 政策实践与资本重置：贵州易地扶贫搬迁的经验表达[J]. 中国农业大学学
　　报（社会科学版），33（5）：64-69.

张艾，2011. 汶川地震灾后恢复重建脆弱群体社会支持的评析与思考[D]. 北京：北京师范大学
　　硕士学位论文.

张文彬，李国平，彭思奇，2015. 汶川震后重建政策与经济增长的实证研究[J]. 软科学，（1）：
　　24-28.

张宗毅，2006. 中国政府农村扶贫效率问题研究[D]. 北京：中国农业大学硕士学位论文.

FRIEDMANN J，WEAVER C，1979. Territory and function：The evolution of regional planning[M]. Berkeley：University of California Press.

MONTGOMERY D B，LIEBERMAN M L，1991. To Pioneer or Follow？：Strategy of Entry Order[M]. New York：Warren，Gorham，and Lamot.

MYRDAL G，1957. Economic theory and under-developed regions[M]. New York：Harper & Brothers Publishers.

PORTER M E，1998. Clusters and the new economics of competition[J]. Harvard business review，76（6）：77-90.

ROELANDT T J，HERTOG D P，1999. Cluster analysis and cluster-based policy making in OECD countries：an introduction to the theme[J]. Boosting innovation：The cluster approach，（31）：9-23.

STÖHR W B，TÖDTLING F，1978. Equidad espacial：Algunas tesis contrarias a la doctrina actual del desarrollo regional[J]. Revista de estudios regionales，（1）：159-186.

# 附　　录

## 附　录　1

### 2013 年湖北省初选县市五个指标的相应数据

| 初选县市 | | 自然资源梯度分布评价 | 经济发展梯度分布评价 | 社会发展梯度分布评价 | 文化发展梯度分布评价 | 生态环境梯度分布评价 |
|---|---|---|---|---|---|---|
| | | 人均土地面积/(亩/人)① | 人均地区生产总值/(元/人) | 城镇化率 | 普通中学在校学生所占比例 | 森林覆盖率 |
| 十堰市 | 丹江口市 | 10.18 | 24 421 | 48.43% | 3.79% | 26.61% |
| | 郧县 | 9.2 | 9 665 | 35.45% | 2.64% | 29.76% |
| | 郧西县 | 10.12 | 9 035 | 37.45% | 3.22% | 31.46% |
| | 竹山县 | 11.69 | 11 906 | 36.1% | 3.43% | 33.2% |
| | 竹溪县 | 13.42 | 13 549 | 33.11% | 3.45% | 40.69% |
| 孝感市 | 大悟县 | 4.65 | 12 953 | 41.1% | 3.71% | 20.98% |
| 黄冈市 | 红安县 | 4.08 | 13 660 | 37.43% | 4.89% | 20.73% |
| | 罗田县 | 5.41 | 13 340 | 37.89% | 4.68% | 36.7% |
| | 英山县 | 5.43 | 14 573 | 36.44% | 4.18% | 34.61% |
| | 蕲春县 | 3.56 | 17 745 | 37.11% | 4.22% | 38.16% |
| | 麻城市 | 4.76 | 18 451 | 41.4% | 3.90% | 30.28% |
| 黄石市 | 阳新县 | 4.05 | 15 551 | 34.13% | 5.13% | 36.05% |
| 恩施土家族苗族自治州 | 利川市 | 7.51 | 9 901 | 35.51% | 4.40% | 31.45% |
| | 建始县 | 8 | 11 622 | 31.9% | 3.88% | 33.8% |
| | 巴东县 | 10.06 | 13 669 | 31.74% | 4.21% | 32.01% |
| | 恩施市 | 7.36 | 14 053 | 48.08% | 5.38% | 34.52% |
| | 宣恩县 | 11.4 | 11 160 | 30.25% | 3.88% | 35.3% |
| | 咸丰县 | 9.81 | 13 965 | 34.6% | 2.91% | 37.48% |
| | 来凤县 | 6.1 | 14 508 | 34.7% | 4.52% | 31.22% |
| | 鹤峰县 | 19.76 | 15 230 | 32.69% | 3.62% | 38.19% |
| 神农架林区 | | 60.99 | 19 054 | 46.21% | 3.34% | 90.4% |

注：1 亩≈666.7 平方米

资料来源：2014 年《湖北统计年鉴》

# 附　录　2

## 湖北省初选县市在五个指标下的排名情况

| 排名（倒数） | 自然资源梯度分布评价 | 经济发展梯度分布评价 | 社会发展梯度分布评价 | 文化发展梯度分布评价 | 生态环境梯度分布评价 |
|---|---|---|---|---|---|
| 1 | 蕲春县 | 郧西县 | 宣恩县 | 郧县 | 红安县 |
| 2 | 阳新县 | 郧县 | 巴东县 | 咸丰县 | 大悟县 |
| 3 | 红安县 | 利川市 | 建始县 | 郧西县 | 丹江口市 |
| 4 | 大悟县 | 宣恩县 | 鹤峰县 | 神农架林区 | 郧县 |
| 5 | 麻城市 | 建始县 | 竹溪县 | 竹山县 | 麻城市 |
| 6 | 罗田县 | 竹山县 | 阳新县 | 竹溪县 | 来凤县 |
| 7 | 英山县 | 大悟县 | 咸丰县 | 鹤峰县 | 利川市 |
| 8 | 来凤县 | 罗田县 | 来凤县 | 大悟县 | 郧西县 |
| 9 | 恩施市 | 竹溪县 | 郧县 | 丹江口市 | 巴东县 |
| 10 | 利川市 | 红安县 | 利川市 | 宣恩县 | 竹山县 |
| 11 | 建始县 | 巴东县 | 竹山县 | 建始县 | 建始县 |
| 12 | 郧县 | 咸丰县 | 英山县 | 麻城市 | 恩施市 |
| 13 | 咸丰县 | 恩施市 | 蕲春县 | 英山县 | 英山县 |
| 14 | 巴东县 | 来凤县 | 红安县 | 巴东县 | 宣恩县 |
| 15 | 郧西县 | 英山县 | 郧西县 | 蕲春县 | 阳新县 |
| 16 | 丹江口市 | 鹤峰县 | 罗田县 | 利川市 | 罗田县 |
| 17 | 宣恩县 | 阳新县 | 大悟县 | 来凤县 | 咸丰县 |
| 18 | 竹山县 | 蕲春县 | 麻城市 | 罗田县 | 蕲春县 |
| 19 | 竹溪县 | 麻城市 | 神农架林区 | 红安县 | 鹤峰县 |
| 20 | 鹤峰县 | 神农架林区 | 恩施市 | 阳新县 | 竹溪县 |
| 21 | 神农架林区 | 丹江口市 | 丹江口市 | 恩施市 | 神农架林区 |

资料来源：2014 年《湖北统计年鉴》

# 附　录　3

## 2015 年河北省初选县市五个指标的相应数据

| 初选县市 | | 自然资源梯度分布评价 | 经济发展梯度分布评价 | 社会发展梯度分布评价 | 文化发展梯度分布评价 | 生态环境梯度分布评价 |
|---|---|---|---|---|---|---|
| | | 人均土地面积/(亩/人) | 人均地区生产总值/(元/人) | 城镇化率 | 普通中学在校学生所占比例 | 森林覆盖率 |
| 保定市 | 阜平县 | 16.21 | 14 488 | 34.8% | 3.45% | 41.07% |
| | 涞源县 | 12.66 | 24 618 | 42.4% | 4.68% | 35.1% |

续表

| 初选县市 | | 自然资源梯度<br>分布评价 | 经济发展梯度<br>分布评价 | 社会发展梯度<br>分布评价 | 文化发展梯度<br>分布评价 | 生态环境梯度<br>分布评价 |
|---|---|---|---|---|---|---|
| | | 人均土地面积<br>/(亩/人) | 人均地区生产<br>总值/(元/人) | 城镇化率 | 普通中学在校<br>学生所占比例 | 森林覆盖率 |
| 张家口市 | 康保县 | 18.42 | 15 753 | 34.7% | 2.03% | 19.5% |
| | 沽源县 | 22.52 | 19 547 | 34.7% | 3.05% | 30.23% |
| | 尚义县 | 20.32 | 17 696 | 33% | 2.25% | 39.3% |
| | 蔚县 | 9.54 | 15 830 | 37.8% | 4.28% | 37.22% |
| | 阳原县 | 10.09 | 15 243 | 37.6% | 3.77% | 19.87% |
| | 怀安县 | 10.35 | 25 655 | 39.2% | 2.37% | 36% |
| | 赤城县 | 26.52 | 25 166 | 36.5% | 3.39% | 45.3% |
| 承德市 | 平泉县 | 10.23 | 32 232 | 45.1% | 4.54% | 57.8% |
| | 隆化县 | 18.33 | 24 669 | 38.9% | 3.24% | 59.3% |
| | 丰宁满族自治县 | 32.07 | 23 070 | 35% | 4.4% | 54.4% |
| | 围场满族蒙古族<br>自治县 | 25.47 | 18 830 | 35.3% | 4.72% | 57.6% |
| | 滦平县 | 13.69 | 46 944 | 39.9% | 4.46% | 58% |

资料来源：2016 年《河北统计年鉴》及 2015 年政府工作报告

# 附　录　4

## 河北省初选县市在五个指标下的排名情况

| 排名（倒数） | 自然资源梯度<br>分布评价 | 经济发展梯度<br>分布评价 | 社会发展梯度<br>分布评价 | 文化发展梯度<br>分布评价 | 生态环境梯度<br>分布评价 |
|---|---|---|---|---|---|
| 1 | 蔚县 | 阜平县 | 尚义县 | 康保县 | 康保县 |
| 2 | 阳原县 | 阳原县 | 康保县 | 尚义县 | 阳原县 |
| 3 | 平泉县 | 康保县 | 沽源县 | 怀安县 | 沽源县 |
| 4 | 怀安县 | 蔚县 | 阜平县 | 沽源县 | 涞源县 |
| 5 | 涞源县 | 尚义县 | 丰宁满族自治县 | 隆化县 | 怀安县 |
| 6 | 滦平县 | 围场满族蒙古族<br>自治县 | 围场满族蒙古族<br>自治县 | 赤城县 | 蔚县 |
| 7 | 阜平县 | 沽源县 | 赤城县 | 阜平县 | 尚义县 |
| 8 | 隆化县 | 丰宁满族自治县 | 阳原县 | 阳原县 | 阜平县 |
| 9 | 康保县 | 涞源县 | 蔚县 | 蔚县 | 赤城县 |

续表

| 排名（倒数） | 自然资源梯度分布评价 | 经济发展梯度分布评价 | 社会发展梯度分布评价 | 文化发展梯度分布评价 | 生态环境梯度分布评价 |
|---|---|---|---|---|---|
| 10 | 尚义县 | 隆化县 | 隆化县 | 丰宁满族自治县 | 丰宁满族自治县 |
| 11 | 沽源县 | 赤城县 | 怀安县 | 滦平县 | 围场满族蒙古族自治县 |
| 12 | 围场满族蒙古族自治县 | 怀安县 | 滦平县 | 平泉县 | 平泉县 |
| 13 | 赤城县 | 平泉县 | 滦源县 | 滦源县 | 滦平县 |
| 14 | 丰宁满族自治县 | 滦平县 | 平泉县 | 围场满族蒙古族自治县 | 隆化县 |

资料来源：2016 年《河北统计年鉴》及 2015 年政府工作报告

# 附　录　5

## 2013 年云南省初选县市五个指标的相应数据

| 初选县市 | | 自然资源梯度分布评价 | 经济发展梯度分布评价 | 社会发展梯度分布评价 | 文化发展梯度分布评价 | 生态环境梯度分布评价 |
|---|---|---|---|---|---|---|
| | | 人均土地面积/(亩/人) | 人均地区生产总值/(元/人) | 城镇化率 | 普通中学在校学生所占比例 | 林业产值占地区生产总值比例 |
| 昆明市 | 禄劝彝族苗族自治县 | 15.70 | 14 424 | 1.80% | 4.22% | 0.37% |
| 昭通市 | 镇雄县 | 4.07 | 7 120 | 3.96% | 8.01% | 0.49% |
| | 鲁甸县 | 5.55 | 10 590 | 6.00% | 6.76% | 1.05% |
| | 彝良县 | 7.84 | 9 346 | 4.86% | 6.39% | 1.70% |
| | 巧家县 | 9.25 | 8 909 | 4.45% | 5.36% | 2.01% |
| | 昭阳区 | 4.01 | 23 285 | 12.37% | 7.40% | 0.12% |
| | 永善县 | 10.31 | 12 251 | 5.22% | 6.76% | 0.75% |
| | 威信县 | 5.32 | 8 888 | 6.03% | 7.28% | 1.75% |
| | 绥江县 | 7.28 | 11 754 | 12.25% | 5.97% | 4.88% |
| | 盐津县 | 8.28 | 9 480 | 7.54% | 6.57% | 2.42% |
| 曲靖市 | 会泽县 | 9.52 | 15 493 | 7.63% | 5.89% | 0.80% |
| 楚雄彝族自治州 | 武定县 | 17.96 | 14 637 | 14.60% | 4.92% | 1.82% |

资料来源：2014 年《云南统计年鉴》

# 附　录　6

## 云南省初选县市在五个指标下的排名情况

| 排名（倒数） | 自然资源梯度分布评价 | 经济发展梯度分布评价 | 社会发展梯度分布评价 | 文化发展梯度分布评价 | 生态环境梯度分布评价 |
|---|---|---|---|---|---|
| 1 | 昭阳区 | 镇雄县 | 禄劝彝族苗族自治县 | 禄劝彝族苗族自治县 | 昭阳区 |
| 2 | 镇雄县 | 威信县 | 镇雄县 | 武定县 | 禄劝彝族苗族自治县 |
| 3 | 威信县 | 巧家县 | 巧家县 | 巧家县 | 镇雄县 |
| 4 | 鲁甸县 | 彝良县 | 彝良县 | 会泽县 | 永善县 |
| 5 | 绥江县 | 盐津县 | 永善县 | 绥江县 | 会泽县 |
| 6 | 彝良县 | 鲁甸县 | 鲁甸县 | 彝良县 | 鲁甸县 |
| 7 | 盐津县 | 绥江县 | 威信县 | 盐津县 | 彝良县 |
| 8 | 巧家县 | 永善县 | 盐津县 | 鲁甸县 | 威信县 |
| 9 | 会泽县 | 禄劝彝族苗族自治县 | 会泽县 | 永善县 | 武定县 |
| 10 | 永善县 | 武定县 | 绥江县 | 威信县 | 巧家县 |
| 11 | 禄劝彝族苗族自治县 | 会泽县 | 昭阳区 | 昭阳区 | 盐津县 |
| 12 | 武定县 | 昭阳区 | 武定县 | 镇雄县 | 绥江县 |

资料来源：2014 年《云南统计年鉴》

# 附　录　7

## 2013 年广西壮族自治区初选县市五个指标的相应数据

| 初选县市 | | 自然资源梯度分布评价 | 经济发展梯度分布评价 | 社会发展梯度分布评价 | 文化发展梯度分布评价 | 生态环境梯度分布评价 |
|---|---|---|---|---|---|---|
| | | 人均土地面积/(亩/人) | 人均地区生产总值/(元/人) | 城镇化率 | 普通中学在校学生所占比例 | 林业产值占地区生产总值比例 |
| 柳州市 | 融水苗族自治县 | 17.03 | 15 148 | 15.20% | 5.17% | 6.19% |
| | 三江侗族自治县 | 11.97 | 11 520 | 10.08% | 4.94% | 7.20% |
| 桂林市 | 龙胜各族自治县 | 23.36 | 29 971 | 16.50% | 4.03% | 4.26% |
| 百色市 | 隆林各族自治县 | 15.12 | 12 160 | 8.02% | 6.03% | 3.21% |
| | 那坡县 | 21.38 | 10 453 | 12.90% | 5.00% | 8.28% |
| | 西林县 | 31.73 | 11 774 | 9.22% | 5.94% | 10.29% |
| | 乐业县 | 26.02 | 10 478 | 14.22% | 6.96% | 9.61% |
| | 田林县 | 36.26 | 12 339 | 10.57% | 5.19% | 13.26% |
| 河池市 | 环江毛南族自治县 | 24.74 | 13 016 | 19.77% | 5.60% | 9.26% |

资料来源：2014 年《广西统计年鉴》

非灾经济发展模式研究

# 附　录　8

## 广西壮族自治区初选县市在五个指标下的排名情况

| 排名（倒数） | 自然资源梯度<br>分布评价 | 经济发展梯度<br>分布评价 | 社会发展梯度<br>分布评价 | 文化发展梯度<br>分布评价 | 生态环境梯度<br>分布评价 |
|---|---|---|---|---|---|
| 1 | 三江侗族自治县 | 那坡县 | 隆林各族自治县 | 龙胜各族自治县 | 隆林各族自治县 |
| 2 | 隆林各族自治县 | 乐业县 | 西林县 | 三江侗族自治县 | 龙胜各族自治县 |
| 3 | 融水苗族自治县 | 三江侗族自治县 | 三江侗族自治县 | 那坡县 | 融水苗族自治县 |
| 4 | 那坡县 | 西林县 | 田林县 | 融水苗族自治县 | 三江侗族自治县 |
| 5 | 龙胜各族自治县 | 隆林各族自治县 | 那坡县 | 田林县 | 那坡县 |
| 6 | 环江毛南族自治县 | 田林县 | 乐业县 | 环江毛南族自治县 | 环江毛南族自治县 |
| 7 | 乐业县 | 环江毛南族自治县 | 融水苗族自治县 | 西林县 | 乐业县 |
| 8 | 西林县 | 融水苗族自治县 | 龙胜各族自治县 | 隆林各族自治县 | 西林县 |
| 9 | 田林县 | 龙胜各族自治县 | 环江毛南族自治县 | 乐业县 | 田林县 |

资料来源：2014 年《广西统计年鉴》